教育工学への招待

改訂新版

教育の問題解決の方法論

赤堀侃司［著］

Jam House

はじめに

本書は、2013年出版の「教育工学への招待」新版の改訂版である。出版社のジャムハウスから、少し改訂して出したいという依頼があった。旧版は2002年だから、約20年前である。いくつかの重版を経て、約10年後に新版が出て、それから約8年を経て、この改訂版が出版されることになった。

いくつかの大学の授業やゼミのテキストとして利用されていると聞いて、著者としては大変に光栄である。いつだったか、学会で、あの本は絶版になりましたか、と聞かれて、いや、新版としてあります、と答えたが、少し情報が行き渡っていないようだが、今回の改訂版で少し知られると有難いと思う。

主に、3点の改訂がある。1つは、副題をきちんと明記したことである。「教育工学への招待－教育の問題解決の方法論－」と明記した。旧版も新版も、この点があいまいであったから、明記した。

第2は、索引語を付けたことである。旧版にはあったが新版では省略したので、これを復活した。これで、調べやすくなったと思う。

第3は、これが最も大きな改定であるが、応用問題を付けたことである。各章や各項ごとに、練習問題に追加して応用問題を記載した。この応用問題には、解答がない。つまり、学生への課題として追加したものである。本書の内容を理解すれば、たやすく解答できるような、親しみやすい課題を取り上げた。

改めて本書を読み返して、その内容がまだ色あせていないことに、少し驚いた。現在の教育の課題に対して、きちんと対応できる内容になっていることに、少しだけ自分をほめる気持ちになった。自己肯定感を持つことができたのは、個人的には嬉しい出来事である。それは、自分の力ではなく、教育工学という研究分野が内包している特性ではないかと思う。その意味で、長く教育工学の研究と実践に関わり、関連学会をはじめ研修会などにも参加できたことは、幸運であったと思う。

最後に、本書の改訂版を勧めていただき、出版していただいた（株）ジャムハウスの池田利夫さんに、厚くお礼申し上げたい。

2021年3月吉日
赤堀侃司

目次

1章

教育工学の背景と特徴

本章では、教育工学の内容と方法について、概要だけを述べる。詳細は、以下の各章を参照されたいが、何故このような研究が出てくるのか、その理由について考察する。また後半では、背景となる学習理論の考え方について解説する。教育工学の内容を理解する上で必須な内容が、この学習の考え方である。ほとんどの研究分野や方法に、この学習理論が影響を与えているからである。

1. 教育工学の分野

教育工学研究は、どのように思考されるのだろうか、具体例から考えてみよう。例えば、「①情報教育の教員研修をどのように実施したらいいか」「②生涯学習が盛んになるが、この個別学習をどのように実施したらいいか」「③プレゼンテーションのスキルを向上させたいが、どうしたいいか」「④電子掲示板で生徒達の作品やレポートを掲載しているが、その評価をどうしたらいいか」など、教育に関わる課題は、身近に日常的に存在している。

教育工学の思考

これまで教育の関わる学問は数多く存在するが、それらの多くは、基礎的な知見や価値観や考え方を提示した研究であり、現実の教育現象の解明や解決には、必ずしも強力な道具にはなり得なかったのではないだろうか。もちろん、学問にはそれぞれの目的がある。現実の問題を対象とするのではなく、理念や考え方や法則を追求する目的をもった学問があることは当然であり、そのような学問や研究が文化として継承されてきた。

しかし、教育工学は、現実の教育課題を対象とする。何故なら教育とは、現実に目の前に子供達がいる場で営まれる活動だからである。その現実に立脚しながら、教育上の課題を解決していこうと指向する。現実に立脚するという意味では、工学や医学は同じ発想かもしれない。しかし現実に立脚するという意味を、小手先の工夫やノウハウを提供することだと短絡的に考えてはならない。それは課題の解決にならない。課題を解決するには、基礎的な知見を反映させなければ不可能である。かくして、課題に遭遇した時、人は英知を集めるという目的で多くの人の知恵を借りた。

同じことが、教育工学についても言える。基礎的な知見や考え方は、他の学問や研究を大胆に借りてくる。自分だけの力では無理だと知れば、他人の力を借りて問題を解決しようとする。例えば、情報工学、システム工学、学習心理学、認知心理学などの強力な力である。そこで、教育工学は総合的に、そしてシステム的に、これに向かおうとする。その方法や得られた知見を提供している。したがって、その方法は、要素的な技術や方法の提供もあるが、むしろ総合的にデザインするアプローチが多い。何故なら、教育の事象は、それほど複雑で複合的だからという前提に立っているからである。

ISD研究

具体的に、先の問題について考えてみよう。「①情報教育の教員研修をどのように実施したらいいか」の問題は、これだけでは不明な内容が多い。そこで、この背景を調べる。それはニーズ調査などと呼ばれるが、現在情報教育が盛んであるために実際には様々な問題がある。その1つが、教員研修である。つまり教員の情報教育の力量を高めることが重要という認識がある。しかしこれだけでは、まだ問題の把握が十分ではない。何故、教員研修が改めて問われるのか、つまり、この問題設定のニーズが、読めていないからである。そこで、現状の教員研修の実態を調べることになる。

その調査方法も、他の学問分野の手法を大胆に借りてくる。例えば、アンケート調査は最も一般的だが、実際に学校を訪問して先生にインタビューする、コンピュータの操作履歴を分析する、実際の情報教育の授業をビデオ録画してその行動を分析し、どこに問題点があるか調べる、子供がコンピュータの操作上で何を思考しているかを知るために、発話を記録して分析するなど、多くの手法を借りたり、自分で考えたりする。このように、教育工学の分析や研究手法は多岐にわたり、1つではない。まるで、「まさかり」のように、大胆なのである。「かみそり」のような細心な手法もある。教育工学は、これでなければいけないという枠をあまり設定していないからである。最も重要なことは、現実の教育の課題を総合的に解決するという思考である。

さて、上記の問題を調査したら、例えば、これまでの教員研修が、コンピュータの操作が中心で、実際の授業にどう使うかがわからない、ネットワークの教育利用はどこに価値があるのか納得できない、また研修では理解できたが学校に戻ると忘れてしまう、などの声が判明した。それでは、どのような研修プログラムを作るかと思考する。実際の授業でのコンピュータの活用であれば、教育工学を研究している人よりも、実際にコンピュータを使っている学校の先生方の方が専門だから、実践家である先生を講師に呼ぶ。これも講師は研究者だけという枠をはずして、大胆に計画を立てる。さらに、優れた実践をしている先生が講師では、一般の学校で実際にその方法が適用可能かどうかわからない。

また、学校に帰ったら忘れてしまうという声があるから、受講生である先生方の意見や体験をWeb上の掲示板で意見交換してもらう。研修中に作成した作品も、同時にWebの掲示板にアップしてもらい、全員が参照できるようにする。ネットワークの教育利用の意義については、海外の実践事例も含めた講演を依頼する。また、学校に帰っても、自学できるようにDVDやCD-ROMなどの教材を開発して研修に使う、などのように研修プログラムをデザインするのである。

そして、実際に実施する。しかし、これを実施するとなると、とても1人で行うことはできない。研究室や実験室だけの研究スタイルでは無理だということになる。そこで、これはプロジェクトの研究になる。プロジェクト研究になると予算が伴う。予算が伴うので、研究費や財団などの助成金が必要になる。研究助成金を受託した場合には、評価が求められる。どう評価したらいいのかを思考する。その評価方法も、これまでの学問によって異なるが、教育工学は他の学問から大胆に借りたり開発したりする。この課題は架空ではなく、上記のように実際に行った研究である。

その結果について、データは紙面の都合上省略するが、きわめて好結果であった。最も効果的なのは、Web上の掲示板であった。教員が、情報教育を実施する時、不安がある。その不安を解消する１つの手立ては、お互いの交流であろう。この結果は、そのことを裏付けている。現実の課題は、Web掲示板という情報技術だけで解決できるものではなく、人が関わることまで考慮しなければならない。人の関わり方をさらに調べるには、社会学の知識も必要とされる。これは、メディアが介在するコミュニケーションの在り方ともいえるわけで、現在のホットな研究分野となっている。さらに次に大きな要因が、DVDやCD-ROMを自習用に活用することであった。研修だけですべてが理解できない。自分で試してみて、やってみて、なるほどそうかという納得というプロセスが伴わなければ、研修が身に付かない。その教材が、DVDやCD-ROMであった。研修で必要なことは、教員が交流できる情報環境、自学自習できるような教材などを準備することという結果が得られた。

このような知見は、確かに説得力があると考えられよう。この研究分野は、研修プログラムの設計から、実施、評価に至るまでのすべてを含んでおり、教育システム設計（ISD, Instructional System Design）と呼ばれる。教育における問題解決の方法論と言える。

CAI研究

さて、「②生涯学習が盛んになるが、この個別学習をどのように実施したらいいか」について、考えてみよう。詳細は省略するが、例えば筆者がアメリカの大学にいた時、40歳を超えた大学院生がいた。それは当たり前の姿であって、これからの日本の大学も、このような光景が普通になるであろう。今日でも、経営や法律などの分野では、地の利がある駅前のビルで大学の夜間コースが見られるようになった。生涯学習の時代は、すでに始まっている。そこで、電子工学の専攻ではどうであろうか。高等学校を卒業して、40歳を過ぎて大学に入学した場合、講義についていけるであろうか。例えば、基礎的な数学の計算や物理の法則など、忘れてしまっている場合がほとんどであろう。このような学生の知識の差は、きわめて個人差が大きい。教室に集めて補習授業を行っても、現実には問題が多い。少し考えただけでも、補習授業を行う教員、テキスト、もっと重要な問題は、個人の知識差にどう対応するかであろう。これが、個別指導と呼ばれる。個人の能力や知識量に応じて、指導を多様化するという意味である。

しかし、こんなことが現実の問題として可能であろうか。家庭教師を学生個人個人に配置するような考え方だからである。学生を教室に集めて、一斉授業を行うスタイルは無理ということになる。そこで導入されたのが、CAI(Computer Assisted Instruction)というコンピュータが一人一人の知識や進度に応じて教材を提示し、学習するという方法であった。これは架空の話ではなく、実際に筆者がアメリカの大学で参観した。このように、現実の課題に出会って、その解決のためにCAIの学習方法が考えられた。現在は少なくなったが、CAIの研究は教育工学の重要な研究分野である。

授業研究

「③プレゼンテーションのスキルを向上させたいが、どうしたらいいか」について考えよう。プレゼンテーションスキルは、現代では重要になっている。それが必要なのは企業の営業マンだけではないことは誰でも知っている。エンジニアも、教員も、学生にも求められるスキルである。学生も研究発表などの機会が多く、プレゼンテーション技術は指導教授からトレーニングを受けるのが通例である。特に教員養成系大学では、教壇に立って仕事をする職業を目指すのであるから、人の前でプレゼンテーションするのは、基礎中の基礎のスキルと言わねばならない。しかし実際はどうであろうか。教育学部のカリキュラムに、プレゼンテーション科目が開講されているという話は、あまり聞いたことがない。教育関連の学問は、現実の問題よりも、理念や法則などを追求することを目的とする分野が多いからかもしれない。

そこで多くの場合、教育実習という学校現場に実際に行って、そこで実習をしながらプレゼンテーション技術を習得しているのが、現実の方法である。もちろん、この方法は効果的で、教育実習に参加した学生は、そこから教室の講義では得られない多くのノウハウを学ぶ。しかしそこで学ぶ技術は、多分にローカルである。実習に行った学校の担当教員の個人的な経験が、モデルになることが現実には多い。指導の先生の授業を見ることは、模範授業でもあるから、学生はそれを真似ようとする気持ちが起きてくる。繰り返すが、もちろんそれはそれで意味がある。

しかし教育工学は、それも研究対象にした。もし見よう見まねだけで習得するならば、それは教育工学ではなく、教育芸とでも呼ぶ方がふさわしい。実際、教壇に立った時のプレゼンテーション技術は、芸に似たところがある。落語や漫才などの芸の習得では、この見よう見まねという方法を採用していると聞いている。しかし、教育工学は、この名人芸とも呼ばれるプレゼンテーション技術を、科学や工学という方法で研究するようになった。現在では少なくなったが、授業分析とか、マイクロティーチングと呼ばれる分野である。優れた教師のプレゼンテーションや授業をビデオ録画する。その行動をいくつかのカテゴリー（質問や活動のパターン）に分類して、そのカテゴリーの出現頻度から、プレゼンテーション技術を分析しようとするものである。そして、その技術を習得させるために、少人数の学生からなる模擬授業（マイクロティーチング）を実施して、効果を検証するという研究分野である。この分野は、現在では実際の学校に出かけて、参与観察を続けながら、授業に関わる要因を明らかにするという質的研究が登場して、さらに進歩発展している。

CMI研究

次に「④電子掲示板で生徒達の作品やレポートを掲載しているが、その評価をどうしたらいいか」について、考えてみよう。

近年、学校の校内LANが整備されつつある。校内LANとは文字通り、学校内の教室をネットワークで結ぶ環境であるが、問題はどのように活用するかにある。活用といっても、企業ではないから、事務連絡だけの利用というわけにはいかない。教育利用でなければ、学校にLAN設備を設置する意味がない。何に活用するのであろうか。ネットワークで結ぶのは、職員室、保健室、事務室、図書室、特別教室などに加えて、最も多いのが普通教室である。最も多い普通教室で、ネットワークを何に活用するのかが問題になる。ネットワークが便利であることは、経験した人なら誰でも知っている。ファイルの共有や電子掲示板などを利用すると、教員の小さな机の上に山のように積まれた紙の書類を探す必要がなくなる。ネットワークのどこかに書類があり、そこにアクセスして誰でも読むことができるようにしておけば、書類を手元に置く必要がない。つまりファイルの共有ができる。しかし、便利だけでは教育利用にならない。そこが、オフィスにおけるICT(情報通信技術)化の推進と、学校教育の情報化と異なる。効率化を目指す情報環境の整備と、教育目的のためのICT活用は質が異なる。

どこにメリットがあるのか。その1つは、生徒達の作品やレポートなどを共有できることにある。例えば、生徒がレポートを書いたとしよう。これをサーバーに蓄積すれば、どこからでもアクセスできる。つまりそれらのレポートを読むことができる。それなら、教室の掲示板にレポートや作品を掲示しておけばいいではないかとも、考えられる。確かに、これまではこの方法であった。しかし、美術などの作品展示はあったかもしれないが、生徒のレポートまで全員に配布することはほとんどなかった。

第1にスペースもないし、全員分をコピーすることは不可能であるから、せいぜい回覧する程度であった。さらに本質的なことは、生徒達のレポートを生徒自身に見せるという概念が無かった。レポートは教員が見て成績をつけるものであり、それが評価というこれまでの基本的な考え方であった。しかし、その評価観が変化してきた。評価することそのことが、生徒にとって重要な学習活動ではないかという考え方が、広がってきた。評価活動を、学習に位置付けるというねらいが、学校教育の中に持ち込まれた。しかし、どう実行すればいいのだろうか。紙メディアでは、どうしようもない。仮に、昨年度や一昨年度の生徒のレポートを読みたいという要求には、とうてい答えられそうにない。

そこで、校内LANを活用するのである。これが、相互評価と呼ばれる。自己評価や相互評価は、よく聞かれる用語であるが、その実際はネットワークを使わなければ、不十分である。さて、校内LANでこのような生徒のレポートを掲示板にアップしたとしよう。それを生徒達が相互評価したとして、どのように評価を分析したらいいのか、その評価方法は、これまでの教員が評価している方法とどこが異なるのか、あるいはどこが同じなのか、これは評価研究の重要なテーマとなる。

教育工学では、特にコンピュータを用いた評価手法の研究は、我が国では盛んであり、多くの手法が提案され、学校で受け入れられてきた。S-P表、

IRS分析、ISM分析などがある。さらには、テスト理論から発達した項目反応理論も大胆に借りてきて、現在はコンピュータテスティングなども大いに研究されている。この分野は、CMI（Computer Managed Instruction）研究と呼ばれる。第3章で、具体的に述べる。

以上、ざっと教育工学研究の分野の事例を紹介した。読んでわかるように、教育工学研究は、これまでの教育研究や他の学問分野の研究アプローチと、異なる部分がある。それが、教育工学の長所であり、かつ弱点かもしれない。しかし、それは研究する側の興味や価値観に依存するのであり、客観的に判断することはできない。

応用問題 1 「あなたが今、教育上の課題と思っている例を挙げて、どのように研究するか、簡単な計画を立てなさい」

2. 教育工学の特徴

教育工学の分野の分類は、様々である。先に述べたように現実の教育課題の解決を目指すので、その内容は多岐にならざるを得ないが、概略を述べよう。

教育や授業の改善を目的とするならば、人はどのようなプロセスで学習するのかという学習そのものを知らなければならない。例えば、数学の問題を解く時に、どのように解くのだろうか、その過程を明らかにするというような研究である。この専門分野は、認知心理学や認知科学であろう。認知研究は教育工学でも盛んであり、認知心理学などが明らかにした知見を借りながら、実際の場面における学習過程を追及している。

どんな手段を用いて研究するかという観点では、コンピュータ、ネットワークなどは代表的である。これは先に事例を紹介したように、CAI研究などがある。近年では、協同学習を支援するCSCL(Computer Supported Cooperative Learning)などに発展している。また、このような情報技術のみならず、ビデオなどの視聴覚機器と呼ばれる教育機器もあるが、この分野も教育工学研究の分野に入る。

また、実際の授業の改善や教育全体の改善のために、先に述べた授業研究や、教師教育研究などがある。情報教育も、教育内容と方法に関する分野であり、教育工学研究の範囲である。例えば、直接に学校に出かけ、実際の授業を参与観察しながら、多くの要因の関連を明らかにするような研究分野である。さらに、生涯学習のための教育システムの設計など、先に述べた教育システム設計（ISD)は、教育工学研究のコアになっている。

次に、他の学問分野と教育の研究方法の特徴を比較してみよう。

自然科学の研究

例えば、自然を対象とする物理学の研究は、どうであろうか。きわめて高い再現性がある。再現性がなければ、人類は月に到着することができなかった。実験室と現実の世界が、きれいに対応している。だから、実験室で行ったいろいろな実験の結果が、どの国でもどの地域でも適用可能であった。そうでなければ、法則と呼べない。自然法則は、きれいである。そしてきれいな自然を理解しようとしている。この意味で、実験室での研究や理論的な研究の意義は、きわめて高い。

工学的な設計

しかし、化学プラントの設計や橋の建設、ビルの建設などの設計はどうであろうか。現実世界は、実験室の結果と少し異なることが多い。橋に、これまで経験したこともないような台風や大雨が襲ってくるかもしれない。実験室では、方程式によって綿密な実験をするが、このような化学プラントの設計などでは、現実には安全係数のような、安全を保障するような考え方を導入する。もちろん、電子工学のような高い再現性をもつ設計もあるだろう。しかし、現実に近づく距離だけ、そのギャップを埋めようとする考えが反映される。したがって、自然科学よりも少し人間や社会の要素が反映されていると言えよう。

心理学実験

次に、心理学実験のような人間を対象にした実験では、どうであろうか。実験室で得られた結果が、そのまま学校の教室や家庭での教育に当てはまりにくい。何故なら、研究室での実験は、要因をきちんと分離して実施する。そうでなければ、結果が何もわからない。原因と結果の因果関係を同定するには、必要な方法だからである。例えば、コンピュータソフトを使った授業と、ビデオを使った授業のどちらが学習効果が高いかというテーマを設定したとする。実験室に、何人かの学生を連れてきて、これを2つのグループに分けて、あるグループはコンピュータソフトを使って課題を与え、別のグループはビデオを視聴させて、同じ課題を与えて、その結果を比較するという方法を用いたとする。その結果、コンピュータソフトを使ったグループの方が、成績が高かったとして、これからコンピュータソフトが有効であるという知見を得るとしよう。

これは、厳しく実験条件を統制している。またそうでなければ、実験にならない。だからその結果についての知見の妥当性が、保証されることになる。しかし、実際の教室は、このように統制されていない。ばらばらである。お昼休みの後の午後の授業で眠い時間であるのか、早朝の目覚めた時間であるのか、その時の教師のプレゼンテーションの仕方や質問の受け答えの仕方がどうであったか、さらに、その教員の授業への意欲は、どうであったか、など数え上げれば、これらの要因は複雑で分離することができない。しかし、現実を要因に分離することは無理なことで、そこにギャップがあることは当然だという立場をとる。それでも、実験室で得られた知見は、十分に価値がある。それは、現実の教育事象を解釈する時に、その知見が基礎的な根拠を与えてくれるからである。人は基礎がなければ、何も武器を持たないで敵に突入するような不安がある。その基礎的な知見を提供している。

フィールド研究

さらに、実践的な研究では、実験室を離れるという立場をとる。実際の教室に出かけ、その場（フィールド）で観察される生の行動や会話を記録して、分析して知見を得るという方法である。これは、実験室というアプローチを放棄すると言ってもよい。これは文化人類学などが、現地に入って研究する方法と類似している。そこに生起する事象を、そのまま記述して知見を得ようとするのである。しかし、実際に観察された結果から、知見を結論付けることが、難しい。何故なら、現実世界は多くの要因が関連し合っているから、断定するには、きわめて多くの事例ときわめて多くの時間をかけなければならないからである。にもかかわらず、このようなフィールド研究は、熱いまなざしで注目されている。何故ならば、その知見の妥当性や信頼性はわからないが、現実世界と合っているからである。まるで生きているような新鮮な響きがある。

多様な研究方法

以上のように、それぞれ長所・短所があるが、教育工学はどの研究方法も受け入れている。それで教育工学は、「まさかり」のような大胆さを持っていると、先に表現したのである。現実の教育の課題を解決することが、きわめて難しいことをよく知っている。きれいな方程式で解けない分野であることも、よく承知している。だから、どんな手法もどんな方法も、適用可能な教育事象もあるかもしれないので、実証的に検証しながら、研究を進めるという立場になったのではないだろうか。

練習問題 1 「コンピュータを教育に導入する背景は、何であるか考察しなさい」

………解答は次のページ

解答1

コンピュータを教育に導入する背景には、大きく2つのポイントがある。1つは効率化である。生徒の成績の処理をする場合を例に挙げて考えてみよう。縦軸に生徒40名、横軸に9教科の成績処理をする場合、40×9で360のセルに点数を書き込む。さらに、それを手作業で行う際には、どうしてもミスが生じる。正しく効率よく処理するためにはコンピュータという道具が必要である。そしてもう1つ、情報量の違いが考えられる。紙の資料であれば掲載できるのは写真および図程度の情報だが、コンピュータをインターネットにつなげば、動画などの入手も簡単であり、ほぼ無尽蔵に情報が得られる。多様な情報を教材などに用いることで、子供達の動機づけや、豊富な知識を提供する手助けとなる有用なツールであることが、教育への導入の背景である。

応用問題2

「あなたが研究したいテーマを挙げて、どの研究方法なのかを書いて、その長所と短所を書きなさい」

3. 行動主義による学習

目標分析

教育工学は、現実の教育課題を解決することを指向すると述べた。そこで始めに次のような教育上の課題を考えてみよう。「学習指導要領から、教科書を作るにはどうしたらいいか」「情報教育の教材を作るには、どうしたらいいか」「国際理解教育の学習指導をどうしたらいいか」といった課題である。

学習指導要領は、そこに教科の目的や目標が記述されている。この目標にしたがって、教科書や副読本、資料等が作成される。教員が直接に読むのは、教科書や参考書、教師用指導書かもしれない。だから学習指導要領から教科書を作るといった経験は、あまりないであろう。しかし教科書会社の編集部や編集委員会では、この学習指導要領だけがよりどころであるから、このリソースを元に教科書を編集することになる。といっても、実際に学習指導要領だけから、教科書を作成することはまれかもしれない。何故ならば、ほとんどの教科書はすでに存在していて、その改訂版を作成するという活動が多いからである。

しかし改訂版でなく、本当に学習指導要領だけから教科書を編集するということはある。現実に、高等学校の教科「情報」は、平成15年度から実施された。これまで、教科「情報」が存在しなかったのであるから、文字通り一から作成しなければならない。高等学校教科「情報」には、専門教科「情報」と、普通教科「情報」の2種類の教科がある。例えば、普通教科「情報」は、必修教科で、これが情報A、情報B、情報Cという3つの科目に分かれていて、このどれか1科目2単位を選択するという選択必修の教科なのである。そこで、教科書を作るとなれば、学習指導要領が出発点となる。どうするかという課題である。なお、平成25年度からの教科書「情報」は、「社会と情報」「情報の科学」の2つの科目に変わる。

目標の設定

次に「情報教育の教材を作るには、どうしたらいいか」について、考えてみよう。これは、教科書がなければ、教材をどう作っていいかわからない。だから、学習指導要領があって、教科書があって、教材ができて、指導法が決まるという階層がある。その学習指導要領にも、目標などが明記されていない場合もある。最後の「国際理解教育の学習指導をどうしたらいいだろうか」は、その例である。国際理解教育は教科ではない。独立した教科でないから、どの教科にも横糸のように散りばめられている。学習指導要領の記述には、国際理解教育について、「国際理解教育に関する学習の一環としての外国語会話等を行う時には学校の実態に応じ、児童が外国語に触れたり、外国の生活や文化などに慣れ親しんだりするなど小学校段階にふさわしい体験的な学習が行われるようにすること」程度の記述しかない。これでは、目標すらよくわからない。

以上のように、何か教科書や教材を作るといった場合、目標がなければどうしようもない。なければ、目標自身も作るしか仕方がない。そして、その目標を下位目標に分解し、さらにその下位目標に分解して、ようやく内容や活動のイメージができるようになる。それでは、その活動のイメージが見えるような下位目標とは、どんな目標であろうか。そこで、行動目標という言葉が出てくる。

行動目標とは、単純には「目標を行動として観察できる目標」のことで、「・・・できる」という記述で表現する。この観察できるという考えが、行動目標の特徴といえる。例えば、先の国際理解教育の例で考えてみると、「外国語を理解する」では、行動のイメージが浮かんでこない。外国語を理解するには、どんな下位目標があるだろうかと考えて、外国語では範囲が広すぎる、理解には読み書き話すなどすべての目標が含まれる、などから、英語を話すことに焦点化して、「簡単な英会話ができる」と記述すれば、少しイメージしやすくなる。簡単とはどの程度のことを示すのかまだわからないから、日常会話とする。日常会話も様々あるから、これをいくつかに分類する。多くの下位目標ができる。例えば、食事に関する日常的な英会話ができるとなれば、さらにイメージしやすい。英会話ができるという表現も幅が大きく、どの程度なのかわからない。小学生の英会話であれば、それは簡単な英語であろうから、具体的に単語や英文を示せば、さらにわかりやすい。

同様な目標の記述は、情報教育についても同じである。大きな目標は、情報を活用する能力を育成するという記述であるが、これを教育で実践するには、下位目標が必須になる。具体的に、小学校3年生でワープロが操作できる、キーボードから両手で文字を入力することができる、というように目標を記述すれば、イメージが明確になる。このようにイメージを明確にする時は、下位の目標に分解していき、より具体的に記述することになる。具体的になればなるほど、実際の活動場面に近くなるので、目標数が多くなる。したがって、木構造のように、幹があって、その幹から枝が出て、その枝から葉が出るように、階層的に表現できる。このようにして、ある目標は、下位目標に分解されて、最後の下位目標は、具体的に活動が見えるように、行動レベルで記述するという方法が、目標分析とか課題分析と呼ばれる。かつてこの課題分析がよく研究された。教育工学は、この重要な方法を提供した。

レポートの作成

例えば、レポートを書くとしよう。会社のレポート、学生のレポートなど多くのレポートがあるが、重要なことは目次である。目次が決まれば、その目次にしたがって、資料やデータ、考察などを書けばよい。目次を作ること、それは目標分析や課題分析に対応する。学生が卒業論文を作成する時に、よく何ページですかと聞かれる。最低60ページと答えると、ほとんどの学生は絶望的な表情をする。イメージがつかめないからである。そんなに多くのレポートを書いた経験がないから、無理だと思うのであろう。

例えば、「目標は情報活用能力を育成すること」と言われれば途方にくれるかもしれないが、「ワープロの操作を10時間で教える」場合に、まずは「文字入力を2時間で教える」と言われれば、イメージしやすいだろう。同じなのである。だから、先輩の卒論を見せて、イメージをつかませて、始めに目次を作らせて、構造について話し合うと、どの学生もやる気がでてくる。目次にしたがって、章の項目のページを見積もらせる。1項目が数ページ程度とわかると、やってみようと自信ができてくる。

プログラム学習ではスモールステップと呼んでいて、今日では意味がないと思われているが、できることから始めようという考え方は、十分通用するではないか。山の頂上だけ見てため息をつくよりも、頂上までにいくつかのポイントを設定して、全体が見えるようにし、これなら登れると自信がもてればいいのである。卒業論文と山登りの違いは、山登りは常にふもとから登らなければならないが、卒業論文はどこから手をつけてもいい。だから、まずどの章でもいいのですでにある表やグラフを準備させる、各目次について述べたい内容を箇条書きに書く、などの指導をしている。これで、骨格ができるので、ゴールへの道が見えるから、道を間違うことがない。

以上のような行動目標に記述するという考え方の基底にあるのは、学習は行動の変容だという行動主義の学習観があるからである。行動主義というと古いと言われる場合が多いが、教育工学は、古くても新しくても、現実の教育課題の解決に役立つならば、遠慮なく活用する。なにより現実を重視するからである。実際、教科書の編集では、下位目標を行動目標で記述して明確にすることが多い。何故ならば、編集委員は1人ではないから、あいまいな表現では、コンセンサスが得られないことが多いからである。

行動主義の学習論について、本書で述べるつもりはない。それは学習心理学に、パブロフの条件反射から、スキナー箱、プログラム学習にいたるまで、詳細に述べられている。興味ある読者は、それらを参考にされたい。ここでは、その考え方と現実の教育課題の解決という関わりについて、述べているからである。実は、それが今日強く求められているからである。教室で学ぶ内容が、社会にどう関わるかを知らなければ、学習意欲がわかない。海外旅行をして、英会話をどうしてもやりたいと思うようになる。遊びならまだ余裕があるが、それが学会発表などの仕事や研究になると、学生も目の色が変わって、言われなくても英語の勉強をするようになる。現実社会とは、偉大な教師である。目標分類という意味では、ブルームの教育目標分類学は今日でも生きている。すべての教育目標を、認知領域、情意領域、運動領域の3つに分類して、これらの目標群を下位に分類している。今日の教育目標も、ほとんどがこの目標分類のどれかに該当する。

フィードバック

さて、このように行動の変容とする考え方をベースにして、プログラム学習が実現された。プログラム学習の考え方は、その後もドリルやCAIとして発展してきたが、プログラム学習そのものを研究対象とする人はいない。しかし、いくつかの重要な示唆を教育に与えた。その1つは、フィードバックである。なるべく速くフィードバックを与えると、学習効果が高いという知見に基づいて、これを機械に組み込んだものが、ティーチングマシーンであった。なるべく速くフィードバック、つまり答えの正誤を返すというやり方によって、学習を進めるという考え方である。

例えば、問題が画面から表示される、その問題を解いて答えを入力する、すると正解か誤答かがすぐに表示される、といったイメージをすればよい。それでは、まるで「にんじん」を前にした馬の調教のようではないかと思う読者もいるであろう。その通りなのである。先に述べたように、条件反射のような動物実験がベースとなり、それを学習に適用した機械だから、そのような側面がある。なるべく速くフィードバックを返すことで、頭の中で問題と答えを連合させるという意図があるからである。プログラム学習では、形成という用語を用いた。頭の中で、問題と答えがリンクされることで、脳細胞レベルでそのリンクが形成されるというイメージがわかる。条件反射は、条件と反射が連合するように、形成されることを意図している。だからいかにも、この方式は調教のようなイメージがするので、やがて学校教育では、はやらなくなった。

現実の教育

しかし現実の教育は、そこがまた難しいところで、現在では分数のできない大学生と言われるように、基礎基本が定着していない。理念はともかく現実に大学生に高等学校レベルの補習をしなければ、講義が成立しない。これは学習の定着ということを軽んじてきた「つけ」ではないかという議論がある。分数や九九、漢字の書き取りなど、私達は繰り返し繰り返し練習して、その技能を獲得してきた。スポーツの技能なども、そうであろう。繰り返すことで、頭の中に4掛け5という問題と20という答えの間にリンクが形成されて、すぐに答えられるようになった。分数も、ともかく自動的にできるようになった。自動的という用語が示すように、練習なのである。練習によって獲得する技能も、必要だという議論がある。だから現実の教育は、ある理論だけでは説明できない。

フィードバックをなるべく速くという方法は、効率的に学習するという意図が反映されていて、自動化する学習に適しているかもしれないが、他の学習にはあまり賛同できない読者もいるであろう。しかし、フィードバックという概念は、きわめて大切である。即時という考えは、学習心理実験から出てきたが、フィードバックの概念そのものは、工学、特に制御工学の重要な概念である。機械の制御だけでなく、生命体、生態系なども、物質やエネルギーが循環して成り立っているから、フィードバックが基本的な機能を果たしている。社会では、物やエネルギーに加えて情報が、循環している。

だから、学習を考える時、即時に返すかどうかは別にして、私達はフィードバックの果たす役割を考える必要がある。先生からのコメント、他の生徒からのコメント、学会で発表した時の参加者からの質問やコメントなど、考えてみれば人はフィードバックによって多くのことを、学習している。本だけから情報や知識を得る人もいるが、それだけでは1人の考えから、なかなか抜け出せない。はっと気づくことができない。頭の中に自分の考えがあって、それを外に表現して、それを受けた先生や参加者が、自分の考えに照らし合わせて、コメントを返し、それを受けて、もう一度自分の頭の中の考えを変更するという循環を考えれば、そこに情報が飛び交っている。その情報によって、自分の頭の中でどのような変化が生じているのだろうかと考えれば、それは行動だけの観察では、わからない。どうしても頭の中の変化を知りたくなる。それが、認知主義の学習へとつながっていく。

練習問題2

「相手にプレゼンテーションする時に、どのようにステップに分けて組み立てているか、例を挙げて図示しなさい」

練習問題3

「料理の仕方、車の運転の仕方などのマニュアルを作るとして、どのように目標を分析したらいいか、図示しなさい」

………解答は次のページ

解答2

プレゼンテーションの内容にもよるが、例えば研究発表を例にすると、最初に目的を述べ、次にどのように研究したかという方法を述べる。結果等を報告する場合には、実際に測定したデータについて表を作成したり、図に書いたりして述べると良い。最後に結論や考察を述べるのが、だいたいの一般的な方法である。
しかし、面接等で試験官から問いを投げかけられる場合もあるだろう。例えば、「あなたは小学校の外国語活動について賛成ですか？　反対ですか？」といった質問の場合、最初に結論（賛成・反対）を述べ、次に理由（何故賛成・反対なのか）を述べる。その際に自分のエピソード（自分の経験では～がありますなど）を交えて論じることで、より効果的に相手に訴えかけることができる。そして最後にもう一度結論を述べる。このような流れでのプレゼンテーションが効果的であろう。
面接では、一般的な知識だけを問うだけでなく、本人の考えや人物評価も含んでいるから、エピソードなどを挿入すると印象が良くなる。

解答3

目標を分析するためには、まずそれをイメージしてみることが重要である。例えば、みそ汁を作る場合を考えてみよう。豆腐、みそなどの具を準備し、それをある順番でお湯の中に入れていく。この時、どんな順番で入れるのか、それにはどんな理由があるのかなどを考えながら内容を分析する。
もう1つのアプローチとして、どのような場合があるかを想定する方法が挙げられる。車の運転を例に挙げて説明してみよう。スタートする場合、信号で止まる場合、スピードを出しすぎた場合、ブレーキをかける場合、様々な場合が想定される。それらを順序良く構造化し並べると良い。さらにどんな順番に並べるべきかを想定しながら、項目を作ると良いだろう。

応用問題3　**「フィードバックについて調べて、学習における情報のやり取りを模式的に図示しなさい」**

4. 認知主義による学習

つまずきの原因

「分数の問題がわからないのは、何故か」、「物理の問題でつまずくのは、どうしてか」、などの教育上の課題を考えてみよう。先の例で述べたように、九九のような自動的に覚える学習ではなく、どうしてかと考える問題でつまずく事例である。つまずくという表現は適切でないかもしれない。この用語自身が、認知主義の学習観と微妙に違うからである。例えば、マッツ（Matz,M.）というCAIの研究者が、次のように述べている。

「2分の1足す3分の１の問題を、小学生が5分の2と答えた。これは間違えであり、つまずきである。しかし、これはでたらめに答えたのではない。何か考えて答えたのだ。だから正解をすぐにフィードバックしても、頭の中には何も残らないだろう。何故このように答えたのか、そこから考えなければならない。多分、これは分子の1足す１は2、分母の2足す3は5という知識で答えたのであろう。すると、これは小学生が自分なりに考えたのだ。その考えの元になっているのは、1足す１は2というような整数の知識なのだ。分数という得体の知れない未知な問題に出会った時、人は、自分が現在持っている知識を探して、なんとかつじつまが合うようにして答えるのだ。だから、教師から見ればつまずいたのであるが、本人にとっては納得して答えている。本人が納得しないで、正解だけ教えても意味がない。どう納得させるかが、重要なのだ。」

素朴概念と理解

以上の考え方は、認知主義の考え方がよく反映されている。第1に人は頭の中にすでにいくつかの知識があること、第2にそれらの知識を用いて、未知の問題を解こうとすること、第3に自分が納得いくように解答すること、などである。

第1の、人はすでに知識を持っていることは、容易に理解されよう。小学生でも幼稚園の児童でも、生活している。生活の中から多くの知識を得ている。りんごの数が1個よりも2個の方が多いことは、日常生活の体験から、知っている。多い方が自分の満足感を満たすから、体と頭で理解している。コンピュータ言語のロゴを開発したパパート（Papert,S.）も、「小学生は生活の中から、四角形や三角形、円などの概念を知っている、だから、その素朴な概念にあった学習の仕方で教える方がわかりやすい。ロゴのプログラム言語は、小学生の思考に合うように設計したのだ。」と述べている。

確かに、買い物に行く時、まっすぐ行って、右に曲がって、100メートル行ったところにパン屋があると、母親が教えたかもしれない。そのようなささいな日常生活の体験から、子供は直線、直角、距離などの基本的な意味を獲得している。その意味では、幼児における生活や直接体験の意義は大きい。体験のすべてが学習で、幼児の頭の中に知識が蓄積されている。100メートルの正確な定義はわからなくても、パン屋が100メートル先で、果物屋が200メートル先ならば、歩いた時の疲労感から、200メートルの方が長い距離なのだという、基本的な概念が獲得されることになる。したがって、日常体験から五感を通して、頭の中で知識に変換されて、学習している。

既有知識と意味

レズニック（Resnick, L.B.）が述べたように、「人の頭は、空っぽの容器ではない」のである。すでに、いくつかの知識がある。空っぽであれば、詰め込んだ量だけ容器に蓄積されるが、すでにあるのであれば、それらの知識と新たに入ってくる知識と相互作用することになる。それが、先に述べた、それらの知識を用いて、未知の問題を解こうとする活動になる。整数の概念を知っているので、分数という未知な問題に出会った時に、頭の中で知っている整数の知識を呼び出し、この知識から判断しようと試みる。その時の判断の仕方が、先に述べた、自分が納得いくように解答するという方法である。整数の知識から判断すれば、分数の意味はわからないが、未知な棒があって上と下に分かれているが、上と上、下と下で計算した方が、これまでの経験から納得できると考えたのではないだろうか。

また、先生が、りんごを半分に切って、これが2分の1と言うけれども、半分も1個ではないか、この世の中に本当に1より小さいものが実体として存在するのであろうかと考えたとすれば、日常体験のモノの概念と数という記号との対応を考えているわけで、するどい考察と言うべきかもしれない。かつて無理数という概念を教わった時、長さ１の正方形の対角線の長さは、ルート2であり、その小数点は無限に続くと言われて、困った。対角線の長さは目で見えるので現実の世界であり、この長さだと決まれば小数点が無限に続くとは、どうしても納得がいかないからである。このように、納得するとは、それをただ鵜呑みにするのではなく、意味を理解することである。

もう1つの事例である物理の問題も、よく文献で引用される。日常生活では、物を引っ張ると、その引っ張った方向に動く。しかし学校の物理の問題で、ボールを投げると放物線を描いて飛んでいくが、その時にはたらく力を書きなさいという問題では、飛んでいく方向ではなく真っ直ぐ下方向の「重力」が解答であると言われる。重力以外に力はないだろうと言われて、そうかもしれないが、納得しがたいと考える生徒が多い。飛行機に乗って、何故落ちないのか、不思議に感じる人もいる。揚力が重力よりも大きいからだと言われても、それでも空気中じゃないか、それで落ちないのはどうしてだという素朴な疑問がある。

世の中には、学校で正解を教わっても納得しにくい現象が多くある。その多くが日常経験から、これはこういう概念だという素朴概念から生じることが多い。いずれにしても、先に述べたように、人は受身だけで入ってくる情報を鵜呑みにしているのではなく、自分のすでに持っている知識を使って、意味がわかるように解釈していると考えられる。つまり自分でつじつまが合うように意味を作り出している、構成しているということから、構成主義と呼ぶこともある。このことから、人はどのような知識をもって、問題を解こうとするのだろうかと、多くの研究がされてきた。その１つに、専門家と初心者における問題の解き方の違いの研究がある。

専門家と初心者の違い

多くの研究の中で、医学部学生の問題の解き方を、紹介しよう。医学部の学生は、よく勉強する。もちろん、人の命を預かる仕事に従事するのだから、しっかりと勉強してもらいたいが、その医学部の学生と本物の医師を比較した研究である。医学部の学生がよく勉強すると言っても、ベテランの医師から見ればまだ初学者である。つまり本物の医師は専門家であり、その比較をした研究である。

学生と医師の両者に、本物の患者のカルテを渡す。病気は心臓疾患に関する病気であるが、専門用語が出てくるので詳細は省略する。血液のデータ、顔のむくみなどのデータ、患者の報告によるデータなどを記載したカルテである。これから、カルテを見て、学生と医師が、どう判断するかを比較したのである。血液のデータ、患者の報告のデータなどから、どのような心臓の病気が考えられるかという問いをして、回答用紙に書いてもらう。さすが医学部の学生はよく勉強していて、この血液のデータから予想される病気はといった項目の調査では、医師とほとんど差がなかった。つまり個々の項目についての調査では差がなかった。しかし決定的な差は、それでは総合的に判断して、この患者さんの病名は何かという問いに対して、生じたのである。個々のデータに対して差が無く、総合的な判断で差が生じたのは、どう解釈すればいいのだろうか。

知識構造

それをこの研究では、知識構造の差で説明したのである。項目の１つである血液データから、このような病気の可能性があると推測するのは、個々の知識といえる。しかし総合的に判断するには、それらの個々の知識が構造的につながっていなければならない。本物の医師は、知識が全体として構造的につながっており、医学部の学生の場合は、知識がばらばらで全体として構造化されていないからだと、説明した。それは確かに納得できる。学生は、講義や本を通して、個々の知識は本物の医師と同じように持っている。その持っている知識で、小学生が分数の問題を解くのと同じように、未知の問題を解こうとした。しかし、それらの知識がお互いにつながっていなかった。つながっていなかったから、正確な総合的な判断ができなかったというわけである。これに対して本物の医師は、絶えず本物の患者を診察している。患者には、様々な病気があって、医学書に書かれている個々の知識では対応できない場合もある。本物の患者という現実の場面を通して、医学書で学んだ個々の知識をお互いにつなぎ合わせることができた。そして、それが構造化されて的確な判断ができたという説明である。

知識構造とか認知構造という考えは、認知主義の基本的な概念である。私達の身体が生命体として機能しているのは、内臓や骨格などが個々ばらばらでなく、お互いに有機的に結ばれているからである。同じように、知識が個々に存在するのではなく、構造化されているからだという考えである。体に異物が入ってくると吐き出すのと同じように、どうしても納得できない未知な問題に出会うと、つまずくという現象になる。また、栄養を外から吸収することによって、身体が丈夫になるのと同じように、既有知識に新しい知識が入ってきて、別の知識構造を作っていくというプロセスをとる。だから、知識はまるで生き物のように、構造を変えていると言える。その知識構造を元に、人は判断したり推論したり、つまり問題を解いている。このように、行動レベルではなく、頭の中の知識レベルで学習を考える立場が、認知主義の学習である。

評価の課題

そこで、もう一度現実の教育について考えてみよう。認知主義は、日本の学校教育にも大きな影響を与えた。その１つは、学校現場で新しい学力観と呼ばれ、技能や知識よりも理解や意欲を重視するという考えであった。具体的には、通信簿と呼ばれる生徒の成績評価の記述の仕方が、それ以前と異なった。そこで問題になったのが、どうして評価するかという評価の仕方であった。考えてみよう。生徒の意欲や理解を、どう具体的に評価すればいいのであろうか。すでに記述したように、認知とは頭の中で生じる知的活動であり、行動のように外から観察することができない。そこで研究レベルでは、様々な測定手法が考案された。問題を生徒に与えて、思っていることを口に出して話すようにと指示して、その記録から、頭の中で何を考えているかを推測するプロトコール法などがある。実験室で行う研究には、どんなことも持ち込むことができる。しかし、現実の教室となると、そこが難しい。そこに生きた生徒がいる。日々教えている教員がいる。その活動の中で、どうして測定評価するかが、問題になった。

技能や知識は、外から観察可能な行動レベルで測定できる。逆上がりができたかできないか、分数の問題が解けたか解けないかという「できる」という記述で、目標が設定されているからである。これに対して、理解や意欲は、頭の内部で生じる知的あるいは情的な機能であり、外部から測定が難しい。まさか、意欲的な目をしているとか、顔の表情で理解しているかどうか判定するというわけにはいかないであろう。例えば、授業中に何回質問したかとか、質問に積極的に答えたのかといった、行動レベルで観察するしか方法がないからである。そこが、現実には問題になった。

しかし、認知主義の反映により、学校における評価の仕方は、テストという結果だけの評価から、授業における学習するプロセスを評価にとり入れるという考えに変わってきた。

練習問題 4

「初心者と専門家は、知識構造の他に、どんな違いがあるか考えなさい」

練習問題 5

「日常生活から得られる知識と、学校で学ぶ知識が違うと感じるのは、どんな内容があるか考えてみなさい」

………解答は次のページ

解答4

専門家は知識が豊富で、初心者に比べてより詳細で深い知識を持っている。そして広い視野から物事を見られるということが挙げられる。1つの見方だけではなく、Aという視点、Bという視点、Cという視点というように多方面からの視点で見ることができ、総合的な視点を持っている。また、全体が見られるという特徴を持ち、上から全体的に見ることができる。初心者は細部にこだわってAかBかを決定するが、専門家はそれより上のレベル、目的からの判断が可能である。

解答5

物理の問題で例を挙げて説明しよう。例えば飛行機に乗る時、どうして大きくて重い飛行機が落ちないのか不思議だという感覚を持ったことが、誰もあるのではないだろうか。あるいは、動きながら、歩きながら、あるいは自転車に乗りながらボールを真上にあげても、自分の手元に戻ってくるという現象は日常生活の感覚からすると不思議だと感じるが、現実には飛行機は飛び、真上にあげたボールは手元に戻る。

応用問題4 **「学校では、子供達の理解や意欲を、具体的にどのように評価しているか、調べてまとめなさい」**

5. 状況論的学習

実験室の研究

「メディア研究の論文が多くあるが、実際に役立つのか」「教職の仕事も含めて、仕事のスキルを習得するには、どうしたらいいか。」という事例から考えてみよう。

メディア研究の論文は多く、かつ古くからある。この研究も興味深く、様々な知見を提供してきた。例えば、写真と線画のような絵を生徒達に見せて、どちらのメディアがより多くの内容を記憶再生させることができるか、といった研究である。あるいは、人物の写真の代わりに、その人物の特徴を表した線画の似顔絵がよく新聞や雑誌などに掲載されるが、どちらがよく覚えているだろうかという問題である。結果は、線画の方が効果が大きいという知見である。学習には、むしろリアルな映像や写真を提示するよりも、概略の情報提示の方がいいという結果である。それは、情報を受け取った人が、あまり重要でない細部まで観察して、それらの情報を記憶するのに、負荷がかかって重要な情報が捨てられてしまうからだと言う。確かに、メディア研究では、このように基礎的な知見を提供してきた。また、メディアの組み合わせによる情報提示についても、多くの研究がある。例えば、英語の文章を理解させるのに、英文の文字を画面に提示して、それと同時に発音を提示する方がいいのか、少しずらして提示する方がいいのか、そのずれとは、文字の提示の前なのか後なのか、といった研究である。このような実験室をベースにした基礎的な研究が、映像製作などに有効に働くかもしれない。

実践家の知識

しかし、ここでの問題意識は、実際に役立つかという問いである。実際にという用語に注目してほしい。基礎的な知見を得ることは、研究としてきわめて重要である。それとは別に、メディアを扱っている実践の現場における問題意識なのである。

メディア研究をしていた時に、この実際上の問題について興味を持ち、ある番組のディレクターにインタビューしたことがある。実際の場面における制作上のノウハウを抽出しようとしたのである。しかし、それを明示的に、つまり、「音声は、写真と同時に提示する方が、視聴する側にとって効果的である」などと示すことはできなかった。無理なのである。そこで、彼が制作した実際の番組を視聴しながら、その意図を話してもらった。例えば、株の値上がりを示す映像がある。そこに数字が示されているが、その数字そのものに、重要な意味がある。そこで昔のタイプライターのキーが文字を打つようにして、その打点の音を同時に描写すると印象が深くなるといった知見である。しかしそれは株の値上がりと社会情勢という状況によるので、一般的な命題ではないと彼は断った。あるいは、犬の取材で、その犬の特徴を表現するために、接写レンズのカメラを使って、犬の鼻の先まで接近して、その愛嬌ある姿を映し出すという。それも犬のおかれている状況に依存し、犬でも猫でも馬でも何でもというわけではないと断った。

このように実践家へのインタビューでは、法則的にAならばBであるといえない、場面や状況に依存するのだという結果であった。このことは、実験室で得られる結果と、実践の場で仕事をしている実践家の持っている知識とは、異なるということである。それは、ブラウンやコリンズらが述べたように、科学や心理学のようにきちんとした法則でないこと、状況や場面に依存していること、問題自身も複雑で、形の整っていない問題を扱うこと、などである。

アフォーダンス

それでは、その場面や状況に応じた表現の仕方、つまりカメラアングルの向き、時間やライトの向きまで、どのようにプロデュースするのか、質問したことがあった。その人は映画監督であったが、「それは対象や場面が決めるのだ、場面が決まればアングルやライトなどが決まってくる」と言った。

これも深い言葉である。それは、人が決めるのではなく、対象や場面が映像の表現の仕方をアフォード（誘発）するというのだ。それが実践家である映画監督の言葉であった。

つまり、人ではなく、状況や場面が決めるのというのであるから、認知主義で述べた、人が頭の中に知識を持ち、その知識を使って問題を解決するという、人に中心があるという考えと逆である。それは、知識は人の脳の中にあるのか、状況や場面などの環境にあるのかという命題の違いとも言える。ギブソン（Gibson,J.J.）は、環境が、人や生き物にアフォードするという考えを提唱した。例えば、大地は平たく表面も固いので、動物はその上に座ったり立ったり走ったりすることができると、アフォードしていると言う。大地が意味を生き物にアフォードして、生き物がその意味を知覚して行動するという生態的視覚論を提唱した。さらに発展させれば、ノーマン（Norman,D.A.）のいう「ドアのノブも、このように回しなさいとか押しなさいとか、アフォードしている」という道具のアフォーダンスという考えにつながる。

普通には、知識が人の脳にあると考えた方が、わかりやすい。しかし同時に、状況や環境が人に対して、どうしたらいいかをアフォードするという考え方も魅力的である。映像の実践家は、メディア研究の知見を頭の中にいっぱい詰め込んで、その知見にしたがって、このシーンの時はこの方法でというやり方で制作していないことは、確かである。それは、映像の専門家という実践家の仕事だからではないだろうか。とすれば、およそ仕事を覚えるとか、専門家になるということは、同じ枠組みで考えることができる。つまり仕事上の実践的な知識は、どうして獲得されるのかという問題である。

仕事の仕方と徒弟制

そこで、もう1つの事例、「教職の仕事も含めて、仕事のスキルを習得するには、どうしたらいいか」を考えよう。仕事に必要なスキルは多くあるが、これも先に述べたディレクターと同じように、なかなか科学の法則のように表現できない。今すぐ、あなたの仕事について、その方法を明示的に表現しなさいと言われても答えられない。というよりも、「面倒なことを言わず、黙って俺の仕事振りを見ていろ」とでも言いたくなる。それが、仕事が本来持っている姿なのだろう。特に、職人のような技（わざ）の世界は、その通りで、その仕事という場（フィールド）を大切にする。したがって、徒弟制度というシステムができた。

仕事の方法を明示的に表現することができない、できたとしても伝達することができない、というのが、仕事の仕方の特徴と言えそうである。教職も同じで、教壇に立つという実践を通して、明示化できない知識を得る。体得するという言葉が示すとおりである。その体得する知識は、野中郁次郎・竹中弘高らの暗黙知から形式知へという過程で表現することもできるし、コッブ（Kolb,D.A.）のいう具体的体験から抽象概念化へと言ってもよい。つまり体験や実践を通して、教室では学べない知識を獲得して、概念化とか形式知に変換していくのかもしれない。つまり実験室で得られる研究知見と、実践の場で得られる実践家の知識の関係は、教室の講義で学ぶ形式知と、仕事を通して得られる暗黙知に対応している。野中らやコッブらが言うように、それらが変換されるかどうかわからないが、ともかく実践という場によって、仕事上の知識（暗黙知）が獲得される。

異文化適応

さらに、この仕事に精通する過程を考えてみよう。始めは、レイブ（Lave,J.）やウェンガー（Wenger,E.）の言うように、周辺から中心に入っていく。教育実習生も見よう見まねで、ベテラン教師の指導法を観察する。この時には、こうするのかと次第に体得していく。やがて、自分自身が教壇に立つ。そして、授業が終わると、先輩の先生からコメントをもらう。あの質問には、この答えの方がいいなど、黒板の書き方から、生徒への目の配り方に至るまで、コメントされる。ベテランの先生であればあるほど、そのコメントには説得力がある。つまり論理的で明確な知識に変換されている。これが、形式知に対応していると言えるかもしれない。

しかし、まだベテランではない先輩の場合には、明確な言葉が返ってこないこともある。もちろん仕事によって、明確に言葉に表現できる場合もあれば、見よう見まねで最後は身体全体で感じとるしか方法がない仕事もある。いずれにしても、始めは、先輩の話す言葉も、そうですかと上の空でしか理解できないが、やがてなんとなく納得できるようになってくる。何故だろうか。それは、知識というよりも、その学校の雰囲気、仕事場の全体が理解できるようになったからであろう。個々の知識もさることながら、個々の知識と職場全体がうまくマッチしていると感じ始めたからではないだろうか。弟子が親方や兄弟子などから学んでいく徒弟制のプロセスによく似ている。

例えば研究室に入ってくる新人は、まさに新入りで、研究室で交わされる言葉にもなじめない。先輩もなんとなく遠い存在に見える。やがて年月が経るにしたがって、そこで交わされる言葉が自然に感じられるようになり、今度は自分が後輩に同じように伝達するように変容する。それは、その職場、社会、コミュニティーの考え方に、自分の考え方が一致してきたからであろう。考え方を価値観と言い換えてもよい。筆者の研究室でも、学生間で頻繁に交わされるいくつかの専門用語がある。新人に聞くと、はじめはどうも違和感があるという。しばらくすると、その学生が最も頻繁に使っている光景を見ることがある。

それは、ちょうど外国にしばらく滞在して、異文化適応する過程に似ている。外国に暮らすとは、異なる文化の中で生活するのであるから、異文化である。何故こんなに昼食の時間が長いのだ、この国の人達は怠け者だと思っていた人が、しばらくすると、ゆっくりと昼食をとるようになる。それは無理して昼食をゆっくりしているわけではなく、その方が、この国の自然や文化に合っていると感じ始めたからだろう。つまり価値観を共有できたからと言える。

同じように、研究室の雰囲気や交わされる言葉も、価値観が共有されるにしたがって、レイブやウェンガーのいう周辺から中心へと移っていく。だから価値とは、文化と言ってもよい。文化は、国だけの固有なものではなく、職業、専門、年代、地域、宗教、言語など、あらゆるものに存在し、それぞれに固有の文化、つまり価値がある。関東の人が、関西のお笑いになじめないと言う人もいるが、それは価値を共有できないからとも言える。かくして、学習をそのコミュニティーの文化や価値にどれだけ同化できるかと、とらえる考え方がある。また文化を共有できないと、その意味がわからないし、おもしろさがわからない。コミュニケーションしにくい。関西のお笑いの面白さがわかるのと同じように、専門分野の面白さがわかるとは、その分野にある程度精通していることを意味している。つまり同じ価値観を共有していることである。年代の違いも、文化や価値観の違いと考えることができる。若者が面白いと感じることを、年配者が顔をしかめることは、よく見られる光景である。

文化の共有

　また、価値観を共有していけば、ある状況におけるしぐさや言葉を理解できるようになる。サッチマン（Suchman,L.A.）は、航空管制センターにおける、顧客サービス係と、管制センターオペレータとの会話を分析して、仕事上の会話では、短い単語や突発的な発話や非言語が、何をしたいか何を意味しているかは、その状況において理解していると述べている。つまり、仕事上の会話などでは、その時の場面や、何の目的か、どんな道具を使っているか、どういう制約があるかなどを、認知していることが重要であると、述べている。この認知とは、その仕事場における、受け答え方、装置などの使い方、ルールなどを共有していること、つまり価値観や文化の共有に他ならない。

　例えば、教室においても、先生がこのタイプの質問をしたら、このように答えるという一種のルールや、やり方が暗黙に了解されている場合がある。また、学会などで質問する時、自分の専門外については謙虚に言うとか、研究の結果を述べる時、その適用範囲を明確にするとか、暗黙の了解があって、そのルールを元に活動をしている。だから、教室における会話、学会における質疑応答、サッチマンの分析した航空管制センターの会話など、それぞれの場面における仕事がうまく遂行できるのは、その仕事に関わるメンバーのスキルだけでなく、そこで用いる道具、ルール、役割などがあって、それらが人に何をすればいいかをアフォードして、その指示にしたがってメンバーが自分のすべきことを行うからであると、ハッチンス（Hutchins,R.H）は述べている。このように状況的な学習では、場とか状況に知識が埋め込まれているという表現をする。状況という考え方は、現実、実践、場（フィールド）、仕事などと強く結びついている。この学習論は現在も活発な議論が続いており、まだ研究途上である。

また、その状況の中における活動単位についても、ホットなトピックスである。状況とか場とかコミュニティーとか実践と言っても、それは場全体だから具体的にどのように分析し記述していいかわからない。そのためには、分析する枠組みが必要であるが、その枠組みとしてよく引用される文献として、エンゲストローム（Engestrom,Y.）の活動理論がある。詳細になるので、ここでは省略しよう。

練習問題6

「企業内教育は、OffJT（教室での集合教育）と、OJT（仕事をしながらの実地教育）があるが、それぞれの教育の特徴を述べなさい」

練習問題7

「教育養成において、教育実習や福祉施設での介護体験などが実施されているが、この学習の意義と課題を述べなさい」

………解答は次のページ

解答6

OffJTでは、知識を効率的に与えることが可能である。また、体系的に学ぶことができ、いわゆる基礎的な知識を学ぶにはこの方法が最も適している。一方、それらの知識を用いて実際に運用・活用するには実地教育OJTが有効であろう。例えば営業職の人が営業の知識を学びそれを活用する際には、コミュニケーション能力なども含めた総合的な力が必要とされる。それはOJTでなければ培えない力である。

解答7

現在、教員になるためには、このような介護体験や教育実習などが必修となっている。これは教室で学ぶ理論的な内容を実際のフィールドで試すという目的を包括している。学校で基礎的な知識を学んだ上で、教育実習に行く、あるいは介護体験をすることになっているが、実はこれらは相互依存的な関係にある。つまり、実習をした後にもう一度理論的・基礎的な知識を勉強し、また、基礎的・理論的な知識を勉強したら、実践の場で試してみるというような相互に関連させることが望ましい。そのようなカリキュラムができるとよいと考えられる。

応用問題5

「あなたが中学・高校・大学のどこでもいいので、部活やサークルに所属していた時、どのように慣れていったかを、記述して考察しなさい」

2章

コンピュータによる学習支援

コンピュータによる学習支援は、教育工学の研究を代表するほど、よく研究されてきたし、様々な学習支援システムが開発されてきた。この章では、その考え方を概観しよう。

1. ドリル

単語の記憶

まず「英単語を覚える方法は、どういう方法か」を考えてみよう。単語カードという古典的なカード方式がある。表に英語か日本語が書いてあって、そのカードの裏に日本語または英語という答えが書いてある、誰でも覚えている方式である。この仕組みは、問いと答えが表裏に記述されているので、直ちに自分の答えと照合できるところがポイントになっている。この「直ちに」という言葉で思い出すのが、第1章の行動主義で述べたフィードバックの内容である。裏の答えを見ることで、フィードバックが実行される。しかも、裏を見るだけであるから、直ちに実行され、即時フィードバックの機能が実装されている。問いが、学習心理学でいうところの「刺激」に相当し、答えが「正しい反応」に相当し、刺激と正しい反応が連合（結びつく）して、即時フィーバックと繰り返しの練習によって学習するという考え方であることは、言うまでもない。

行動から始める学習

単語の学習は、学習の単位としては最小である。つまり最も小さいステップであり、容易に学習にとりかかりやすい。第1章で述べたように、いきなり60ページの卒業論文を書きなさいと言われると絶望的になるが、目次を作り、章・節・項と小さいステップに分けて、それぞれの項目のページ数を見積もると、数ページになるので、それではやってみようという気持ちになる。このやろうという気にさせるところが、面白い。プログラム学習そのものは、すでに過去の遺産という人もいるが、いくつかの重要な視点を与えたことも確かである。

その１つが、スモールステップという考えである。これは広い意味では、学習をできることから、やっていこうという考えでもある。人が難しい問題に出会った時、どのように向かったらいいのであろうか。それは行動から入っていくことである。いわゆる物まねである。それは、第1章で述べた状況的な学習でも見受けられる。状況的学習とは、その人が所属する社会とかコミュニティーの中で実践を通して学習する方法である。仕事などは、そのようにして明示的でない知識を獲得していき、その社会の有している見方や考え方、つまり文化を共有することによって遂行するのではないかと、述べた。その典型例は、徒弟制に見られる。徒弟制の始めは、見習いである。見よう見まねで、覚えていく。それは、行動から入っていくのである。

もう1つは、フィードバックの重要性を指摘したことである。これは第1章でも述べたが、フィードバックはどんな学習理論でも用いている。何もフィードバックがなければ、人は学習できないことは明らかで、教材から、教師から、先輩から、生徒から、コンピュータから、社会全体から、というようにどこからかフィードバックを受けて、知識を変更したり、知識構造を変化させたり、実践的な暗黙的な知識を変化させたりしている。ドリルでは、これを効率的に行うという方法を用いた。

ドリルのソフト

かつてドリルソフトが、教師によって自作されたことがあった。比較的簡単なプログラムで、作成することができたからである。簡単と言っても、プログラムで教材を記述することは容易でない、というよりも時間がかかる。10分でドリルが終了するソフトを10時間かけて自作するなどは、当然という感覚であった。この場合のプログラムとは、処理の流れのことであるから、単語カードによる英単語の覚え方という紙カードの行動の流れを分析して、それをコンピュータに実装することで作成する。

例えば、問題をコンピュータの記憶場所に蓄えておく、その中からやさしい問題を画面に提示する、生徒が回答欄に答えを入力する、その答えをプログラムの解析部が受け取り、正解と比較して一致しなければ誤答として処理し、正解ならば正解のメッセージを画面に表示する、誤答の場合は誤答と表示するか、さらにやさしい別の問題を提示するといった処理をする、そして、10問の問題まで到達したら、この教材は終了するという処理の流れを記述することで、作成される。そんな面倒なことを自作するとは、とても実用的でないと感じたのも無理はなかった。

しかし、自作することで気づいたことは、逆説的であるが、人の情報処理はいかに素晴らしいかという発見であった。人間の情報処理とはランメルハート（Ramelhart,D.E.）の著書であるが、人の情報処理、つまり認知過程に次第に考え方が移っていった。ドリルとは、効率化を目指して生み出された。即時にフィードバックし、小さいステップで教材を提示すれば、その人に合った効率的な学習ができるという考え方がベースにあった。いかに速く、いかに遠くに、いかに小さくという効率化は、製品を作るという工業社会では、重要な考え方であった。しかし、工業社会から情報社会へと移行するにつれて、次第に効率化から処理のプロセス、つまり結果だけでなく、その結果にいたる過程が注目されるようになった。

ドリルの活用

ほとんど過去の遺産のようなドリルソフトは、現実の学校では使われているのであろうか。それは、使い方によるといえる。ある中学校で、新1年生、つまり小学校からあがってきた子供達に、算数の計算問題をさせたら、とても中学の授業についていけない生徒が相当数いた。この現象は、中学校に限らない。高等学校でも大学でも事情は同じである。そこで担当の先生は、ドリルソフトを使って、この子供達の計算技能を高めようと考えた。春休みに、そのような子供達30名くらいをパソコン教室に集めて、朝9時から12時まで3日間、ドリルソフトを使わせたという。そして、奇跡的とも言えるが、すべての生徒が欠席もなく、しかも進んで勉強したという。先生は、30人の生徒の向かっているパソコンの間を巡視しながら、質問があったら教えるというスタイルであった。何故奇跡的と言えるのか、それは算数の落ちこぼれの生徒が、1日3時間を3日間通って、しかも喜んで計算問題に取り組んだという事実である。

だからドリルソフトが優れている、というわけではない。多分、小学校1年生の問題が解けない生徒もいれば、どうしても小数がわからない生徒もいれば、分数が苦手な生徒もいる。彼らが、教室で分数がわかりませんと質問できるだろうか。恥ずかしくてできないであろう。ドリルソフトは人間ではないから、黙って問題を出し、理屈を言わず正誤判定をする。それで気が楽になる時がある。本当にわからなければ、プロの先生に聞けばいい。その聞き方は、パソコンのすぐ側で、文字通り個別に教えてくれる。多分、他の生徒に聞こえないように、小声かもしれない。そして多分、先生は腰をかがめて、同じパソコン画面を共有して見ているであろう。生徒は、こんなに先生は親切だったのかという感じすらもつかもしれない。

しかし、電子紙芝居とも酷評されるドリルソフトは、何故間違いなのかに答えられないではないかと、反論もあろう。それについては次の項で述べるが、生徒達は、正解しただけで嬉しかったに違いない。理由はわからなくても、正解できただけで意欲が沸いたのではないだろうか。満点で○をもらった時の、あの素直な喜びを、落ちこぼれの生徒達が体験したからではないだろうか。これらは、筆者の想像ではなく、生徒達にインタビューして、実際その通りであった。だから、3日間も続いた。

ここで述べたいことは、現実という重みである。現実の教育の実相は、理論だけでは予想できないということを、教育工学の特徴として繰り返し述べた。現実は、市販のドリルソフトの価格が安いとか、春休みにまで出てきてくれた先生への敬意など、様々な要因があったと思われる。このように、現実は動いている。

特別支援教育における活用

現在でも、特別支援教育の分野では、このようなドリルソフトが活用されている。子供達に10分間じっと注視させることが、いかに困難かを担当の先生から聞いた。まさにその通りである。画面上に飛行機が動いている。それをじっと子供が見て、画面を指差して、「飛行機」と言う代わりに、手でしぐさをする、画面にヘリコプターが動いて、子供がそれをわからないのでじっと見ていると、先生がしぐさで、ヘリコプターの言葉を教える。たったこれだけのことが、特別支援教育ではすごいことなのだ。自分でボタンを通して服を着させる行動ができるまで半年かかかるという教育の難しさの中で、コンピュータの前でじっと1時間、目を輝かせながら学習が継続できることは、奇跡のようだという。そのソフトは、ほとんどがドリルなのである。飛行機を見て、それが飛行機と言える、しぐさができるという、外から観察できる行動を獲得させることが目的である。動いたり音を出したりするマルチメディアが、そして単純なドリルが、子供達を引き付ける役割を果たしている。

しかし先に述べたように、何故間違えたのか、そのフィードバックはできないのか、個々の生徒の能力や知識に応じて、学習進度を制御できないのか、もっと学習の動機付けができないのかなど、当然ながら疑問が出てくる。このような課題に対して取り組むのが研究であるから、様々なタイプのソフトが開発された。次に、それを述べよう。

練習問題1

「特別支援教育におけるドリルソフトの活用を含めて、コンピュータをどう活用したらいいか、またどんな課題があるか考察しなさい」

………解答は次のページ

解答1

現実に、ドリルのようなソフトは様々な分野で最も多く使われている。単純に言えば効率化がその理由であるが、これは現実的には大変重要である。例えば、子供が紙でテストをして先生が採点をするとしよう。40人の生徒の採点を1人の先生が行うには大変時間がかかり、授業時間内に終わらせることは不可能に近い。
ドリルのソフトで行えば、ただちに自動的に採点でき、何度も繰り返し練習させることができる。効率化という概念は、教育の世界では、敬遠されることが多いが、ある面では重視しなければならないと考える。何故なら、制限された授業時間の中では、なかなか子供達が練習する時間が取れない。ただ、そのような時間を設けないと現実には知識が定着しないことから、ドリルソフトの要求は高いのである。

応用問題1

「インターネットで、現在市販のドリル教材を調べて、例えば、提示、正誤反応、フィードバックなどがどのようになっているか、レポートにしてまとめなさい」

2. チュートリアル

家庭教師のモデル

始めに「分数を教師はどう教えているか」という事例から、考えよう。教室における教師の授業ではわかりにくいので、家庭教師をモデルにして考える。何故なら、CAI(Computer Assisted Instruction)は、ドリルで述べたように、個々の生徒の知識や理解に応じて学習支援をするという個別指導が、システム開発の発想だったからである。そうでなければ、コンピュータを使う意味がない。個別指導のモデルは家庭教師であり、家庭教師はチュータと言うので、チュートリアルという用語が用いられるようになった。日本語では解説指導型と呼んでいる。

家庭教師は、子供の側にいて、分数をどのように教えるのだろうか。始めに、問題を出してみる。まず、どの程度のレベルであるかを確認したいからである。それはレディネスと呼ばれる。簡単すぎても難しすぎても、指導が難しいからである。当然ながら、難しければよりやさしい問題を、やさしければより難しい問題を提示することになる。これがドリルと異なる。つまり個々の生徒の理解レベルに対応しているからである。そして、生徒の解答の仕方を観察するであろう。この解答の仕方を見て、どこでつまずくかを確認している。例えば、帯分数で分母の異なる分数の引き算であれば、分母を共通にするという通分ができているか、引く数の分子が引かれる数の分子より小さければ、帯分数の整数を分数に変換できるか、そして分子同士の引き算ができているか、などであろう。このように、ある問題に解答できるかどうかは、その課題に含まれている下位の課題を理解しているかどうかを確認して、どこでつまずいているかを、家庭教師は知ろうとする。

チュートリアルの機能

そこで、家庭教師は2つの機能を持っていることがわかる。1つは、問題についての知識であり、他方は生徒がどのレベルで理解しているかという知識である。CAIでは、前者は教材知識とか教材構造、後者は学習者モデルと呼ばれることがある。帯分数の引き算には、上記のように3つの下位課題があって、それらすべてが理解されていなければ、この問題は解けない。またそれぞれの下位課題ができるためには、さらに下位の課題というように分析すれば、それは1つの構造になる。これが教材構造と呼ぶゆえんである。家庭教師は、その教材構造を持っていて、どこの下位課題でつまずいているかを観察している。そして、この生徒は、AとBの下位課題につまずいていると知れば、その生徒の状態を理解したことになるので、CAIでは学習者モデルと呼んだりしている。それはあくまでモデルであって、本当はやる気がなかったのか、ケアレスミスだったのか、わからない。

次が、それでは、どう教えようかと考える。それをCAIでは、指導戦略と呼ぶ。戦略は語感がよくないので、教育の場合は方略（ストラテジー）と呼ぶこともある。いずれにしても、どう指導するかということになる。ヒントを与える、別の問題を提示する、概念を教える、シミュレーションなどで図解する、などである。説明が終わったら、今度は本当に理解しているかどうかをテストするため、別の問題を提示する。そして、理解しているかどうかを確認して、学習者モデルを変更する。つまり、この生徒のAのつまずきは解消され、Bのつまずきはまだ解消されていない、などのように理解する。そして、指導をしながら、その学習した記録を家庭教師であれば頭の中に記憶し、コンピュータであれば生徒の個人の履歴として記録する。CAIでは、学習履歴と呼んでいる。この学習履歴にしたがって、次回の問題の提示を決める手がかりになる。

およそ以上が、家庭教師の指導の仕方であり、これをコンピュータにどう実装するかが、CAIの研究開発であった。生徒の問題の解き方を観察して、その個別の生徒に応じたフィードバックを行う機能が、ドリルソフトと異なるところである。

システム思考

上記の教材構造、学習者モデル、指導戦略などの考え方について、振りかえってみよう。Aの問題に正解するためには、そのAの問題が含んでいる下位の課題に分解して、その下位の課題の理解が前提条件になる。その下位の課題の理解には、さらに下位の課題の理解が前提となると考えれば、それは構造として表現できると述べた。ガニエ（Gane,R.E.）も学習階層と呼んでいるが、学習指導や授業設計のベースになる考えである。確かにこの方法は汎用的であって、多くの分野に適用される。その考え方は、システム思考を反映していると言える。

システム思考は、およそ問題解決を考える場合、あらゆる分野に適用されてきた。図書の貸し出しシステムでも、銀行のオンラインシステムでも、学習支援システムでも、どんな要素や機能があるかを分析することから始める。チュートリアルで言えば、それが教材の目標分析や、家庭教師の指導過程の分析であり、一般業務では業務分析と言われる。そして機能を洗い出し、それらの機能を実現するのにコンピュータ処理が適していれば、コンピュータで代用し、その他の手段がよければ、それに置き換える。

例えば、チュートリアルの例では、分数の概念そのものの理解は、先生に聞いた方が良いと判断すれば、画面に「先生に聞いてみよう」と表示すればよい。教師はコンピュータ室を巡視しているか、教卓に座って生徒を待っており、文字通り家庭教師のように個別に指導できる。あるいは、ここはワークブックに鉛筆で計算した方が学習にとって効果的と判断すれば、そのような指示を画面に表示する。これは架空の話ではなく、現実はこのように運用されている。これが現実の姿であり、確かにこの方が実用的である。だから、どのように機能を分析し、システムとしてデザインするかが、重要な仕事になる。すべてコンピュータで代用するという設計では、現実には活用されない。現実にどうすれば学習効果が高くなるかという知識が必要であり、コンピュータ上に実現する技術と、学習過程そのものについての知識の両方が、学習支援システムの設計に要求される。

機能の分析ができれば、これをコンピュータ上にプログラムという形で実装する。このプログラムは機能を表現しており、機能のかたまりであり、先に述べた、教材構造、学習者モデル、指導戦略などに相当し、かたまりとしてモジュール化されている。モジュール間は、データがやりとりされる。例えば、生徒の答えの入力データを問題の回答モジュールに送り、その回答が正解と一致しているかどうかというマッチングを行い、その結果を学習者モデルモジュールに送り、どの知識や理解につまずきがあるかを記録し、そのつまずきのデータを、指導戦略モジュールに送り、指導の方法を選択して、メッセージ表示モジュールに送る、といった流れである。このように機能を洗い出し、これを組み立てるという分解と合成が、システムのアプローチである。

教育のシステム化

工業製品もシステムである。製品を考えてみれば、実に多くの部品からできている。部品が、チュートリアルの機能やモジュールに相当していることは、言うまでもない。そしてこれらの部品を組み合わせて、最適な製品が出来上がる。同様に、モジュールを組み合わせて、学習支援システムというソフトウェアが出来上がる。そして実際に使ってみて、改善点があれば部品を改良するという手順になるが、学習の分野では、これを形成的評価と呼んでいる。形成的評価とは、このように改善するための指針をえるための評価であり、より優れた製品を開発する場合も、学習過程でも同じである。一般の授業においても、テスト結果から、それは教材に欠陥があったのか、指導法に問題があったのか、生徒の動機付けに問題があるのか、など振り返ってみるための指針を得ている。

形成的という言葉は、第1章で述べたように、行動として形成されるという考えがベースになっている。どのような行動が形成されれば目標に近づけるかという目的指向の考えである。確かに家庭電化製品など多くの製品は、きわめて優れており、世の中に広がっていった。それはより良い製品を目指して、形成的評価を繰り返し、ユーザーからの意見を取りながら、改良されてきたからである。

学習支援システムの背後にある考え方も同じで、学習目標というゴールに向かって、どのような教材を提示し、どのようにフィードバックを与え、どのようにゴールに導くかという考えがある。それは、まるで機械のようだ、まるで調教のようだと、第1章で述べた。それは、対象をシステムとみなすというシステム思考があったからであろう。科学技術はシステム思考を取り入れて、確実に世の中に受け入れられていった。それが学習や教育にも取り入れられ、教育のシステム化などと呼ばれたのも、工業社会が花開いた時代であった。人々は、人工衛星が月の裏側の写真を地球に送り、そして月に人間が到着したことに感動を覚えたと同時に、それらを実現した科学技術と、それを支えるシステム思考に敬服した。だから教育のシステム化は、当然の考え方であった。今日では、教育の情報化という言葉が示すように、工業社会から情報社会に移ってきた。そこで、新しいアプローチが出てきた。しかし現実は、実践の中でいかに使うかという使い方を含めた状況に依存することが多く、システムそのものがいいとか悪いとか、単純に断定できないことは、これまで繰り返し述べた。

誤答の原因

チュートリアルの研究は、さらに発展をとげた。それは誤答の研究、バグ研究と呼ばれる分野からの寄与でさらに発展をとげた。分数の足し算について、下位課題を分析し教材構造を作ったとしても、現実の子供達は予想通りには解答してくれなった。何が原因で、問題が解けないのか、教師が子供の横でじっと耳を傾けて家庭教師のように理解することは、コンピュータには難しかった。分数よりやさしい整数の足し算や引き算においてすら、コンピュータが誤答の原因を理解して、適切なコメントをフィードバックすることは至難であった。一方、実際の子供の誤答について分析するバグ研究が、認知心理学や認知科学で盛んに行われた。教育工学の研究者も、行った。理論よりも、現実から学ぶという姿勢をとった。

調べてみると、単純な整数の引き算や足し算ですら、200を超えるバグの種類が抽出された。これらをコンピュータに実装すれば、当然ながら生徒達の誤答の原因を知ることができる。どう指導したらいいかも、ベテランの教師にインタビューして、この誤答の時には、このようなコメントを出し、この教材を提示すると効果的だという経験的な知識を、抽出した。それをコンピュータに実装した。つまり、人間の知識をコンピュータに取り入れることによって、誤答に対応しようとしたのである。

これはある意味では成功し、ある意味では失敗したと言えよう。現実の子供や教師の知識に学ぶという意味では、現実に近づいた。しかし、コンピュータへの実装は、いくつかの問題を含んでいた。バギーシステムの研究では、バグ（誤り、プログラムの誤りである虫から転じた。プログラムの修正は虫取り、デバッグという）の組み合わせから誤答の原因となる誤りを推測する。最も困難な点は、次々に提示される問題に対して、生徒達が一貫して同じ誤りをするという仮定であった。同じバグを持つから、コンピュータはそのバグを推測することができる。これが問題によって常に変われば、何が原因なのか予測できない。人間である教師でも、難しいかもしれない。人間に無理なことは、コンピュータではなおさら難しい。そして学習するとは変化することであり、誤答していた問題に正答するようになることである。それを支援することが、学習支援システムの役割であった。そこに矛盾があった。

しかし、そこを目指して研究が発展した。詳細は省略するが、このような研究を通して、人間の持つ能力について、改めて考え直すことにつながった。家庭教師のようなCAIを開発するという夢に向かって研究を進めることによって、逆説的であるが、生徒の誤りの多さ、何故誤るのか、その原因を推測し適切なアドバイスをする教師の見事さを、見直すことにつながった。人の理解とはと問いかけたのが、認知主義や構成主義の考え方であった。バグ研究やチュートリアル研究を通して、第1章で述べた、行動主義から認知主義や構成主義の学習観に移ろうとしていた。

練習問題2　「チュートリアルの学習ソフトを、どのような場面や、どのような形態で利用すると効果的か、考察しなさい」

………解答は次のページ

解答2

チュートリアルという意味は、本書にも書いてある通り、家庭教師のように教えるということである。したがって、現実に学校のように優れた人間の教師がいる場合には、特にチュートリアルのソフトを使う必要はないだろう。ところが、先生がいない状況、例えば家庭における学習や、学校においても自習的に勉強しなければならない状況では、必要なソフトになるだろう。具体的には、アメリカの生涯学習システムでは、高等学校を卒業して何年か経って大学に来る場合があり、高等学校の学習内容を忘れていたり、理解できなくなっていることが多い。そのような場合に、自習室あるいはCAI室と呼ばれる部屋を利用し、そこでチュートリアルのソフトを使って高等学校の勉強をする場合がある。

応用問題2　「本項では、チュートリアルについて説明しているが、ある教材を考えて、これを図示して、考え方を文章化しなさい」

3. シミュレーション

物理の概念

認知主義や構成主義に基づく学習支援は、大胆に言えば、教材よりも人間の方に興味がある。優れた教材を実装して正解に導こうとするゴールを目指すシステムよりも、どのように人は問題を解き、理解するかというプロセスに比重をおく考え方である。より具体的に述べよう。有名なソフトに、ディセッサ（deSessa,A.）のロケットを目標物に当てるゲームがある。このゲームは、文字通りゲームであって学習ソフトではない。だから、適切な事例ではないかもしれないが、わかりやすいので取り上げる。

ロケットが、画面上の原点、つまり画面の左下に表示されている。目標物が右上に固定されていて、ロケットを目標物に当てるというゲームである。但し、ロケットを操作するコマンド（命令語）は3つに限られている。詳細は、省略するが、単純には当たらないようになっていて、これらのコマンドを組み合わせなければならない。ともかく3つのコマンドだけ使って、目標物に当てるというゲームをディセッサは作った。もちろんゲームソフトを作るのが、目的でない。人はどのようにして、目標物に当てるかを分析する実験装置のようなソフトである。コンピュータの優れている点の１つは、操作履歴を記録として保存することができる点である。このゲームを使って、生徒達の操作履歴を分析したのである。そこに何の意味があるのかと思われるかもしれないが、目標物に当てる活動を通して、力学の基本である力、速度、加速度などをどのように理解しているかを、操作履歴を分析することによって、明らかにすることができる。ねらいは、その理解の仕方の分析にあった。

概念の変容

さて、その結果はどうであったか。よく引用される文献なので、簡単に述べる。物理学を専攻する大学生も小学生も、ほとんどニュートン力学を理解していなかったという結果であった。なおこのゲームでは、ロケットの動きは、ニュートン力学に忠実にしたがって、動く。そして、何回も繰り返してゲームを続けることによって、次第にニュートン力学を理解し、その法則にしたがって目標物に当てるように変容した。

この分析から、わかったことは、物理学専攻の専門の大学生でも、それが物理の問題だと意識しないと、ニュートン力学の知識を呼び出せなかったという事実であった。つまり、教室で学ぶ知識は、教室での試験といった世界では通用するが、その外の世界では、ちょうど本棚にしまいこんでどうしても思い出せない書類のように、呼び出せない知識になっているという指摘であった。概念や知識をただ正解に導くように与えても、それが自分自身の知識に同化していなければ、役に立たないのではないかという警告でもあった。

疑似体験

実際に呼び出した知識とは、日常生活で出会う経験から獲得した知識であり、それが素朴概念と呼ばれる。人は、有機的な身体と同じように、知識が構造的に関連し合っていると、第1章の認知主義で述べた。いかに科学的な知識構造を獲得するか、いかにこれまでの知識構造を変容するか、それが学習だという学習観が、認知的な学習であった。その学習を促進するために、様々な方法がある。その1つが体験による知識構造の変容であり、実体験ではなく、画面上における仮想体験、つまり疑似体験によって、その変容を促すという意図を反映しているシミュレーションソフトと呼ばれる学習ソフトの利用である。

このようにシミュレーションソフトは、生徒自身が疑似体験によって、知識や知識間の関連を変容させるというねらいがあり、教えるよりも学ぶという認知主義の学習観を反映している。だから、教材よりも人間の内側に注目していると、始めに述べた。仮想体験の学習効果について様々な議論があるが、その1つは現実世界では体験できないことの疑似体験である。例えば、摩擦のない床での物体の運動などであり、したがって、教室で得た知識とのギャップが生じ、大学生であっても呼び出せなくなっている。だから直接体験ができない。また、危険な化学反応実験、飛行機の操縦、化学プラントの異常反応への対応など、初心者が現実に直接体験できないことがある。そこで、フライトシミュレータのように、画面上で仮想体験させるシミュレーションソフトが開発された。

発話プロトコール分析

同じようなシミュレーションソフトを、筆者らも開発し、学習履歴を分析した。といっても、学習履歴だけから分析することは、容易ではない。もっと簡単な方法は、本人にインタビューすることである。インタビューといっても、画面に向かいながら話しかけると、その時の生徒の思考を妨げるから難しい。そこで、よく用いられる方法が、発話プロトコール分析と呼ばれる方法であり、認知心理学や認知科学が用いてきた方法である。つまり発話しながら、コンピュータ画面に向かって操作して、学習履歴を分析すれば、より思考過程を反映した分析ができるだろうという意図である。

しかし実際にやってみると、そう単純にはいかない。人は考え出すと、口に出さなくなる。それを無理やりに言わせるのだから、実験とはいえ、実験させられているという感覚になる。思ったことを、発話することはなかなか難しい。そこで筆者らは、2人ペアにして相談しながら操作をするという方法や、操作終了後に画面を再現してインタビューするという方法を用いた。

文献では、発話プロトコール分析のいくつかの種類が報告されているが、それぞれに特徴があり、データの信頼性や妥当性について、長所短所がある。しかし教育工学では現実指向という考えがあって、現実的にやりやすい方法を採用する傾向がある。場合によっては、新しい方法を考案する。伝統的なテスト理論に対して、新しい評価法なども提案していく柔軟性をもっている。一方、科学的な厳密さについての批判もなきにしもあらずだが、そのような方法を用いる傾向がある。後で画面を再現する方法について述べよう。生徒にシミュレーションソフトを操作させ、その履歴を記録する。コンピュータの優れた特性の１つは、履歴をすべて記録できることである。履歴を記録できれば、その履歴通りに画面を再現できる。そこで、生徒にインタビューする。何故ここでこのボタンを押したのか、何故この数値を入力したのか、と質問すれば、操作直後であれば、ほとんどの生徒はその時の思考状態を思い出して、答えることができる。それを、ビデオ録画して分析するのである。

学習プロセス

宇宙に見立てた星を画面の中央に固定し、ロケットを操作させるシミュレーションソフトを作って、その学習過程を分析した。ロケットには任意の力の大きさと向きを加えることができるように作成し、ロケットは宇宙空間を重力の法則にしたがって、忠実に運動するシミュレーションである。そして、発話記録を分析すると、様々な知見が得られた。ディセッサが発見したように、確かに始めは力学の概念は、呼び出せなかった。しかし時間の経過と共に、次第にロケットを星に命中することができるように変容していった。それは、単に慣れではないかという反論もあろう。

そこが発話プロトコールの魅力であって、生徒の発話が、その根拠を与えてくれるのである。はじめは、対象が認識できていない、つまり重力という考えはまったくなく、星に近づくと急速にロケットが加速するという事実から、なんとか星に命中させることに思考を集中させる。やがて、生徒はいくつかの事実に気づくようになる。ロケットへ加える力の向きと方法、星と距離の関係を理解して、この場合にはこの方向が好都合であり、この場合には逆効果であるという知識が形成されていく。つまり、操作を通して頭の中に、この場合にはA、別の場合にはB、という断片的な知識が作られていき、操作を繰りかえすことで、最後に結局このソフトは、こうなのだというような発言をする。こうなのだという発言は、この画面の世界を自分なりに理解した発言であり、メンタルモデルを形成したと言えよう。

メンタルモデルとは、対象をとらえる枠組みやモデルのことを言う。例えば、原子の中の電子と言われても現実に見た人はいないから、何かイメージするしかないので、ある中心の周りを高速で回っている粒のようなものとか、ふわふわと広がっていくものというようなメンタルモデルを作る。電流と聞けば、ポンプにつながれたホースを流れる水といったイメージ、つまり頭の中にモデルを作る。しかし、そのモデルは学習が進めば、おそらく科学的な概念に近いモデルになるであろう。そこが、シミュレーションソフトの意図である。

概念は、教えても獲得することはなかなか難しいと述べた。そこで、操作しながら、次第にメンタルモデルを作らせるという意図である。確かに発話プロトコールを分析すると、学習のプロセスはそれを示している。チュートリアルが演繹的、つまり答えはこうであると、理由も含めて教えるという考え方であるのに対し、シミュレーションは帰納的、つまりいくつかの事実や事例の疑似体験を通して、こうではないだろうかという答えを自分なりに導くことを支援するソフトと言える。だから、自分がそこに意味を見出し、意味を構成するという構成主義や認知主義が反映されている。

アニメーション

しかし、人の思考過程を分析するツールとしてはいいが、現実の学習支援に役立つのかという疑問もあろう。市販教材としては、様々なシミュレーションソフトが市場に出てきた。筆者らの開発した自作ソフトは、シミュレーションというよりもアニメーションである。英語の学習ソフトで、語彙が3つのパートに分かれている。その3つとは、主語、動詞、その他であり、それらの語彙をクリックすると、1つの文章が完成する。そこからがこのソフトの面白さであるが、アニメーションボタンがあって、そのボタンをクリックすると、その文章に応じたアニメーションが自動生成されるソフトである。単純であるが、わかりやすい。技術的には、3つの語彙の組み合わせであるから、1000パターンくらいのアニメーションを文章に応じて生成しなければならない。個々のパターンに応じてアニメーションを作成することは不可能に近いので、プログラムが自動描画できるように、技術的な工夫をしている。

例えば、「ひげのあるお爺さんが、山に歩いていった」という英語の文章を作ると、アニメーションで画面の中をお爺さんが、山に向かって歩いていく。それで学習になるのかと言われるかもしれないが、教材は「こぶとりじいさん」の童話を英語にして、開発したのである。そして英単語を知らない小学生に使用させたところ、長時間飽きなかったこと、相当の英単語を覚えたことを、実証した。その研究意義は興味深いが、実際の学校ではどうであろうか。そこが、難しいところで、いろいろな調査研究結果では、あまり受け入れられていない状況のようである。研究と現実のギャップは、歯がゆくなるくらい大きい。

練習問題 3　**「シミュレーションソフトが現実の学校などの教育ソフトとしては、あまり普及していない理由は何か、考察しなさい」**

………解答は次のページ

解答3

様々な理由があると思われるが、1つは時間がかかることである。疑似体験であっても、子供が自分で体験するので、単に覚えるだけとは違って時間がかかる。さらに自分で考えなければならないことが、阻害要因の1つになっていると考えられる。

2つめに、重要なことは教員が説明する場合が多いため、シミュレーションソフトだけで学習させるということは効果的でない。

3つめは、疑似体験であるため、理科などでは実物体験や実際の実験の方が、学習方法としては優れているという教育の価値観から、期待以上に普及しなかったのではないかと考えられる。

応用問題3

「ゲームを学習に応用するゲーミフィケーションの教材には、どのようなものがあるか、インターネットで調べて、その特徴をまとめなさい」

4. マルチメディア

テキストとマルチメディア

マルチメディアとは何かと、本項で詳しく述べるつもりはなく、どのような意味があるのかを、教育という視点から述べる。例えば、「来日間もない外国人が、交通機関を利用するには、どうしたらいいか」という事例を元に、これを支援する学習システムを考えてみよう。来日間もない外国人とは、留学生を想定している。というよりも、これは筆者の個人的な体験であり、したがって記述も散文風になることをお許しいただきたい。

誰でも経験しているが、不慣れな外国に行って乗り物に乗る時、不安な気持ちになる。電車に乗ると、路線を間違えてとんでもない場所に行くのではないかとか、タクシーに乗ると行き先はちゃんと伝わったのか、危険な場所に連れて行かれるのではないか、チップの渡し方はどう表現すればいいのか、などのように考える。例えば、筆者の研究室で卒業論文を書いた台湾からの留学生の体験である。その留学生が初めて来日して、契約していたアパートに行くまで、言葉ができないから不安で仕方がなかったという。確かに、台湾で日本語の勉強をしていた。しかし、実際の乗り物に乗る時不安が襲ってきて、せっかく勉強した日本語がどうしても思い出せなかったという。それが卒業論文のテーマ選択のきっかけであった。

どうしてもマルチメディアで、日本語教材を開発したいという。その理由は、テキストで勉強しても、どの場面で、どんな発音で、どんなしぐさで話していいか、わからないからだという。その時の留学生との打ち合わせは、今でも映画のように鮮明に思い出す。当時はハードウェア環境が十分でなく、マルチメディア教材を開発することは膨大な労力を要することと、開発するだけなら研究としての価値が少ないから、筆者は反対であったが、留学生の熱意に負けた。しかしこの研究は、大成功であった。

成功の要因は、マルチメディア教材を用いたグループとテキスト教材を用いたグループの比較結果にある。見事な結果であった。通常の評価は、アンケートなどの主観的なデータが多いが、この研究では実際に東工大の所在地である目黒区大岡山から、北区赤羽のアパートまでの実測の所要時間の比較を行った。この評価方法についても何回も議論したが、実証することの重要性を考えて、このような比較を思いついた。しかし、被験者を集めるのが大変であった。台湾出身の東工大の留学生で、しかも滞在期間が半年以内という条件付きで、8名の学生を確保した。そして、実際に電車やバスに乗って、ストップウォッチで所要時間を測定した。留学生は、その計測のため8回も大学と赤羽間を往復した。足で調べた評価であった。汗を流した研究は、そのレベルを超えて卒業論文の審査員の心に響き、大きな賛辞を得た。留学生が感激したことは言うまでもない。以下、その結果だけを簡単に述べる。

テキスト群とマルチメディア群において、そのアパートに住んで通い慣れている日本人の所要時間（約1時間30分）に比べて、テキスト群は約20分余分に時間がかかり、マルチメディア群は2分だけであった。被験者へのインタビューで、マルチメディア教材を用いた群は、実際のタクシーや電車を利用した時の会話内容が、マルチメディア教材の会話内容に類似していたので、不安が無くなったという印象を述べていた。この結果は、留学生の仮説を見事に検証している。

表現能力

マルチメディアは、文字、音声、静止画、動画など、すべてデジタル化されて、統合的に表現された情報環境である。例えば電車という文字をクリックすると、そこに写真や動画がリンクされていれば、その電車の絵や動きが表示されることは、誰でも経験しているであろう。デジタルでは、文字をコピーして貼り付けるのと同じように、文字だけでなく、すべての情報様式を、加工編集できる。人間の目には、文字と写真と音声は異なった情報様式であるが、コンピュータの中でデジタル化されているので、すべて1と0の2値からなるデータに過ぎない。つまり文字と音声の間に垣根はなく、すべての情報様式が統合化されている。文字をコピーして貼り付けるのと同じように、音声を貼り付けることができる。

そのようにして、すべての情報をコンピュータの中に取り込む、すなわちデジタル化することによって、人が加工できるようになった。これが、アナログと異なる特性である。写真に写っているまだら模様があって、その黄色の無数の斑点を青色にすることは、通常の写真では不可能に近い。しかし、これがデジタル化されていれば、黄色の斑点を青色に変換するプログラムさえあれば、直ちにできる。お絵かきソフトで、誰でも容易にできることである。

このように、マルチメディアがコンピュータに取り込まれて、コンピュータはより人間に近づいてきた。それは、数値を計算する道具から、数値だけでないすべての情報を表現する道具になったからである。コンピュータの内部では、写真の加工も計算であるが、人から見た時、それは表現という言葉の方が適している。この情報を表現し、人が容易に加工編集できる機能は、教育の中に急速に受け入れられていった。上記の日本語マルチメディア学習教材も、その事例である。現実の環境は、文字だけではないことは言うまでもない。実際にタクシーに乗る時、切符を買う時、どう話せばいいのかという、言葉と場面（コンテキスト）は結びついている。だから、マルチメディアは、言語学習、地図などによる案内、博物館の探索などコンテキストと結びついた題材に適している。

さらにマルチメディアは、人の表現範囲を拡大した。文字、音声、写真、映像など、これらを自由に加工できることは、当然ながら表現の幅を広げることにつながる。教育の中に広く受け入れられてきたのは、この表現できる道具という機能であった。それは、世間をあっと驚かせた。小学生がマウスに触れながら、自由に絵を描くだけでなく、音声も貼り付けて、見事に操作してみせた、というよりも表現したからである。そのような光景がテレビ画面を通じて、世の中に広がっていった。それまで、世の中の人々のコンピュータに対するイメージは、文字通り計算機であって、数値や文字を処理する機械であった。それが、まるでビデオのように、まるでテレビのように表現し、そして自由に操れる子供の姿に、驚いたのである。それは、刈宿俊文（現・青山学院大学大学院教授）らによる見事な実践であった。

自己学習力

マルチメディアが教育に取り入れられた理由の1つに、自己学習力という教育界の考え方とも一致したという背景があろう。当初は、自己教育力であった。それをわざわざ自己学習力と言い換えた。それは何故だろうか。教育と学習は、どこが異なるのか。教育には、あたかもチュートリアルのように、家庭教師のように、知識の豊富な専門家が知識のない子供に、知識を伝達するというイメージがある。学習は、その主体は子供であるから、子供が自主的に、能動的に働きかけるというイメージがある。

自己学習力とは、学習者中心とか、子供中心といった、主体的な学習観を表現している。子供自らが、環境や対象に働きかけて、自らの知識構造を変容するという認知主義の構図に、ぴったりと当てはまることになった。認知主義や構成主義が世の中に受け入れられるにしたがって、日本の教育理念もそれに傾いていった。自己学習力とは、自ら学ぶ姿をイメージさせた。それは、画面に向かって、自由に、そしていとも簡単に、コンピュータを操作しながら、イメージを表現する子供の姿に重なった。マルチメディアが、教育に受け入れられてきた背景が、そこにあった。

上記のように断定することは、様々な異論もあろう。しかしマルチメディアは、確かに学校教育、特に小学校で広く歓迎されたのである。表現する道具という語感は、快く学校に響いた。もちろん、これが間違っているというわけではない。現在でも、広くマルチメディアは学校のみならず、世の中に広がっているからである。しかし、マルチメディアが広がっていくにつれて、ドリルやチュートリアルなどは、敬遠されるようになった。多大な労力をかけて作った自作ソフトまでが、いとも簡単に捨てられてしまった。CAIという言葉も、過去の言葉になりつつあった。教育という世界の難しさが、ここに象徴される。しかし、研究や学問は、時の教育理念や流行とは別の世界であることは、言うまでもない。どんな研究も、改めてその意義や課題を後世に伝えていく役割がある。話が横道にそれたが、マルチメディアと自己学習力は、表現能力の育成というブリッジによって、受け入れられていった。この流れは、今日も続いている。

連想モデル

マルチメディアやハイパーメディアの用語の区別は、さして重要ではない。ハイパーメディアは、文字通りメディアを超えた情報環境という意味であるが、メディアをリンクするという単純な情報の表現法が、革命的であった。用語の使い方が不明確であるが、上記のメディアは、オブジェクトとかノードと呼ばれる。例えば、遠足という文字に遠足の写真や映像がリンクされていれば、文字というオブジェクト（対象とか実体）に対して、写真や映像が結ばれている（リンク）という表現である。そして、これはきわめて単純である。しかしそれは、人の連想に基づく表現法であった。

人間は、遠足という文字や音声を聞けば、ある人は小学校の遠足を思い出し、その頃の先生や友達を、文字通り連想するかもしれない。それは、人の脳がそのように記憶していると考えた方が、わかりやすい。何か思い出すとか、探すとか、検索する時に、コンピュータではデータベースを用いる。データベースでは、検索語を入力して、その検索語を記録しておいて、入力した検索語と一致するかどうかで、内容を抽出するという方法である。しかし、ハイパーメディアは、リンクという芋づる式のような、連想をモデルにしてデータの固まりを表現した。そしてそれは単純であるが、広く受け入れられることになった。

今日のWebは、ハイパーメディアである。ネットサーフィンという言葉が示すように、ネットワーク上でクモの巣のようにリンクされた情報の森の中を、連想のままに、自由に探訪することができる。htmlのhtがハイパーテキストであることを思い出せば、この意味は理解されよう。人の連想をモデルにした、きわめて単純なデータ表現が、広く受け入れられているのは、興味深いことである。

練習問題 4

「データベースの検索と、ハイパーメディアの検索の仕方を比較し、どのような長所と短所があるか、考えなさい。学習にとって、検索とはどのような意味を持つか、考察しなさい」

………解答は次のページ

解答4

データベースは、本書に述べたようにいくつかの項目（フィールドと呼ばれる）に従って検索する。したがって、検索するキーワードを思いつかなければ検索することができない。つまり、キーワードを知らない初心者にとってデータベースの検索は非常に難しいと言える。

一方、ハイパーメディア・ハイパーテキストでは、リンクと呼ばれる繋がりによって検索するので、そのリンクをたどっていけば、関連する情報にたどりつけるという長所がある。反面、ハイパーメディアの場合には、リンクをたどることによって初期の目的とは違った情報にたどりつくという迷子の問題が課題として挙げられる。

応用問題4

「総合的な学習の時間で、SDGsを取り上げると仮定して、あるテーマを取り上げ、インターネットで調べて、そのハイパーリンクの図を描き、子供達に、どのように活動をさせたらいいか、簡単な計画を立てなさい」

5. ネットワーク

外国語学習

海外から日本の大学への留学希望者、特にアジアからの留学希望者が多いが、日本語の習得に問題があることは、すぐに予想される。世界中で、日本語を学習している人は、200万人を超えると言われているが、様々な問題がある。専門の日本語教員について学ぶことは優れた方法であるが、世界中に多くの人材がいるわけではない。それは、私達が学校で英語を学習した経験を思い出せば、直ちに納得されよう。言葉の学習は、現地で生活することが最も優れた方法であることは誰でもわかるが、現地で生活するチャンスはきわめて少ないことも事実である。さらに日本の大学への留学希望者は、その当該国である程度の日本語を習得していなければ、留学は不可能であることもよくわかる。日本人が外国の大学などに留学する場合も、同じことが言える。国際化が進んだ今日では、どこでも学習できる環境を準備することが、必須になる。また、「どこでも」だけでなく、「いつでも」学習できることも、必要であろう。サラリーマンが仕事の終わった後、外国語を勉強したい時、時間に縛られていたら、現実的に難しい。

そこで、インターネットを活用した学習支援という考え方は、ネットワーク時代においては自然の流れであった。Webに教材をアップしておき、それに「いつでも、どこでも、誰でも」アクセスできれば、学習したい人にとって、きわめて好都合である。多くの教材が、Web上にアップされてきた。しかし、言葉の学習という観点からは、いくつかの解決すべき課題があった。

1つは、文脈の問題である。文脈とは、その言葉が使われる場面と言ってもいいが、どんな時に、どんな場面で、その言葉を使って表現したらいいかということである。つまり言葉は、それだけを切り離すというよりも、場や文脈と切り離せない。全体の中でとらえるということが重要と認識されている。言葉を、単体でとらえるか、全体でとらえるかは、かなり議論があるが、ここでは文脈という全体でとらえるという立場を考えよう。これを実現するならば、映像メディアが優れていることになる。映像に、言葉の説明や辞書などが組み合わされて、自由に調べることができれば、確かに役立ちそうである。そのためには、かなり高速の転送速度が求められる。当然であるが、映像は文字に比べて、比較にならないほど、情報量が多い。今日の通信技術の進展によって、この問題は解決されてきた。ビデオオンデマンドのように、あたかもテレビの映像をコンピュータで、しかも対話的に読み書きできる仕組みも現実となっている。もし、高速の回線を利用する環境がなければ、そこを工夫しなければならない。筆者らが当時、4コマ漫画データベースをWeb上にアップして、日本語学習者に提供した背景も、この問題の解決にあった。4コマ漫画であれば、文脈も表現できるし、静止画であるから、情報量も少ないからである。

しかし、第2は教育方法としての問題で、いかに飽きないで学習できるかという課題である。この単純な課題が、これまで教材開発者を悩ませつづけてきたと言っても過言でない。Webで学習する光景を想像してみよう。コンピュータ画面に向かって、読んだり書いたりしている姿であり、そこに専門家である教師がいない。それで飽きさせないで学習を継続させることは容易でないことは、すぐに想像できるであろう。この課題については、この項の後半で述べる。

Web上の教材

それでは実際に、どのように教材をデザインし、コンピュータ上に実装するのであろうか。その基本は、先に述べたドリル、チュートリアル、シミュレーション、マルチメディアの考え方と言える。それが、Webというソフト上で実現されていると考えるとわかりやすい。本書は技術の解説書でないので、詳細はこの分野の解説書を参照されたいが、学習者と教材を結ぶ境界が、Webのブラウザと考えればよい。教室での授業風景は、専門家である教師が生徒に、教科書や資料を使って解説し、質疑応答している光景である。この場合、黒板やスクリーンなどは、教師と生徒を結ぶ境界と考えることができる。その境界を、情報科学や技術の分野では、インターフェイスと呼ぶ。本来は、プリンターなどの周辺機器とコンピュータ本体などを結ぶ境界という機械と機械の間という意味であるが、広くとらえれば、フェイスは顔で、インターは間の意味だから、人と人、人とコンピュータなどの境界で、この場合は学習者が向かっている画面と言える。

しかし物理的な画面というよりも、その教材を提示しているソフトがブラウザなので、インターフェイスが、Webのブラウザと述べたのである。ブラウザは、インターネットを通して連結されている、サーバーに蓄積されている教材を表示するソフトウェアである。サーバーとは教材などを提供する、いわばサービスを提供するコンピュータやソフトウェアのことであるが、ともかくサーバーに教材を蓄積しておけば、インターネットで結ばれているコンピュータからは、その教材に「いつでもどこでも誰でも」アクセスできる。

学習者は、自分のコンピュータのブラウザを通して、サーバーにアクセスするが、画面を見ているだけでなく、問題に対して答えを書き込んだりするので、情報はサーバーとの間を行き交うことになる。だから、ブラウザとサーバーとの間を結ぶプログラムが必要で、現在様々なソフトウェアが提供されており、それらのソフトウェア言語を用いて、サーバーに実装することになる。その1つはCGIと呼ばれ、CGIスクリプトとか、CGIプログラムを用いて実装する。また、データベースが必要になる。学習者からの情報は、すべてサーバーに記録する必要があるが、それはデータベースで管理すれば実現しやすい。多くの場合、このようにデータベースとCGIプログラムなどによって実現している。

サーバーに実装する機能については、先に述べたような、どの教材のタイプを実現するかによる。単純に教材を提示するだけならば、応答機能は要らない。ドリルで解答させるならば、正解を用意して、学習者の答えと比較して、正解かどうかと応答する機能が必要である。チュートリアルであれば、単に正解かどうかの判定だけでなく、どの内容に誤りがあるかを、フィードバックする機能が必要である。このように、機能そのものの考え方については、前項で説明した通りである。

コラボレーション

第2の問題として、飽きるという点を挙げた。この単純にして、しかも根本的な問題を解くことは難しい。画面上に教材を提示して、意欲を持って学習してくれるならば、それはきわめて優れた技術と言わねばならない。現実の教室で、教師という専門家が行っても生徒達が飽きないで学習するのは困難であるのに、コンピュータがその困難を克服できるわけがないと思うのは、当然である。だから、克服することはできない。しかし、そこに近づこうとする試みは、行われてきた。

その中で注目されている方法が、コラボレーションである。これは、協同学習と訳されることが多いが、1人だけで学習するのではなく、多くの他の人達と協同して学習しようという考え方である。日常的な経験でも、1人で勉強するのは持続できないが、グループならばなんとか持続できることを知っている。教え合うというスタイルであるが、学校教育でも取り入れられてきた。この協同学習が日常的に用いられているのは、学校よりも企業などである。企業の場合は、学習ではなく、仕事であった。

仕事をする上で、協同して行うことは、しごく当然なことで、特に意識していなかった。時に、それはプロジェクトと呼ばれる。大勢の人が、ある目標を達成するために、プロジェクトチームを組んで、様々に仕事を分担しながら、達成していくという方法である。そして、時々ブレインストーミングと呼ばれる問題を解決するために、アイデアを出したり、打ち合わせをしたりするが、確かにメンバーの表情は、生き生きとしていて、とても飽きるという形容詞はふさわしくない。メンバーが議論している時、ハッと他のメンバーから学ぶことがある。逆に意見が違うと、激論に発展することもある。協同というスタイルは、これまでの静的な1人で学ぶというイメージではなく、動的で動いているというイメージがある。それは、知識が活性化している姿を連想させる。学習とは、知識を伝達して、それを頭の中に蓄積するという学習観ではなく、仕事をしている姿のように、同僚や先輩などから、そしてその職場という環境全体から学ぶのではないかという考え方が、状況的な学習観であった。この意味では、インターネットを介在した協同学習の学習観は、状況的な学習観に近い。

インターネットは、このコラボレーションを容易に実現した。電子メールのメーリングリストでは、そのメンバーが自由に発言している。ある人が、どうしたらいいでしょうかと質問を投げれば、知っている人が多様な応答をしてくれる。例えば、コンピュータウイルスに侵された、どうしたらいいかと問い合わせると、直ちにコメントが返ってくる。これも教師という専門家だけが回答するのではなく、職場と同じように、ある目的の下で加入しているメーリングリストのメンバーがお互いに教えあうという、コラボレーションを実現している。あるいは、電子掲示板に意見やコメントを書き込みながら、コラボレーションするというスタイルも、容易に実現できる。

飽きないで学習するには、どうしたらいいかという課題に対して、コラボレーションもその解の1つになるのではないかと、述べた。しかしコラボレーションというスタイルそのものは、飽きるという問題解決のために考えられたのではなく、日本でも学校教育の中で自然に実施されてきたし、外国の学校でもグループ学習は取り入れられてきた。しかし、そこに学習としての意義を与えたのは、状況的な学習観であった。それは、インターネットという世界規模のネットワークによって、さらに現実的な広がりを見せてきた。多くの人達が、この情報環境によって、学習の仕方のみならず、仕事の仕方、コミュニケーションの仕方など、人々の活動形態にインパクトを与えてきた。その光と影については、第4章の情報教育で述べる。

練習問題5

「Webをベースにした学習支援は、今後どのような分野に広がっていくか、予想でいいので述べなさい。そのためには、どのような機能があればいいかも、考察しなさい」

………解答は次のページ

解答5

基本的には遠隔教育が適していると考えられる。今日では、教室に集まって全員で勉強するだけではなく、自宅やあるいは職場等で空いている時間に勉強するという遠隔教育が注目されている。その理由は、インターネットに接続すれば、どこでも勉強できるというWebをベースにした学習が可能だからである。
遠隔教育のシステムでは、正誤判定や進捗状況の記録など様々な機能が実装されているが、中でも最も注目されているのは、他の学習者との協同学習である。1人で勉強するのは孤独であり、それが遠隔教育の最も困難な課題と言われている。これを解決するためには仲間と相談できる環境が必要であることから、気軽に相談できるメンター制度やコラボレーション機能などが注目され、実装されている。

応用問題5

「インターネットにアクセスして、どの教材でもよいが、どのような工夫があるか、特徴を調べなさい。そして、その長所と短所を挙げなさい」

3章

コンピュータによる教育支援

教育におけるコンピュータの使われ方で注目すべきなのは、まず教員である。公務文書や成績処理、スポーツテストなどの処理に始まって、今日では、第2章の学習支援と結びついてe-learningにまで発展している。本章では、その考え方の概要を述べる。

1. 成績処理の仕方

電卓とコンピュータ処理

学校の事務処理には、様々な種類がある。出席や欠席、成績処理や通知表、進路関連の書類作成、学級日誌、教員自身の教材の管理、生徒指導上の記録、保護者との面談の記録、修学旅行の計画、クラス編成など、多くの書類がある。公的に記録しなければならない学習指導要録の他に、多くの書類作成が発生するが、なんとかならないものかと、誰でも考えている。何故ならば、毎年同じような処理をしているからである。教育機関はどこでも同じで、毎年同じような書類を作成しているので、ペーパーレスにならないかと思っているが、なかなか難しい。公的な文書や成績処理、お金に関する処理は、重要であるから間違えてはならない。しかし、人は間違えやすい動物である。そこで、コンピュータを活用することになるが、もう一度その処理を考えてみよう。

中学校や高等学校を想定して、成績処理の仕組みを考えてみよう。かつては、この計算は電卓であった。そろばんは古すぎるので、電卓での計算を考えてみたい。1クラス40人の生徒として、クラス担任の先生は、どう成績を計算するだろうか。1学期の成績をつけるとして、縦に40人の生徒名、横に教科という表を考えてみよう。教科数を計算しやすいように10教科とすれば、400の升目がある。電卓では、どのように計算するのだろうか。もちろん、個人ごとに順位などをつけるので、通常は10教科の合計点を計算する。個人の合計点がもし1点でも間違っていたら、問題である。入学試験などでは、1点が命取りになる。およそ成績に関することは、決して間違えてはいけない。そこで、間違えたかどうかをチェックしなければならないが、通常は、横、つまり生徒の合計得点を算出し、かつ縦、つまり教科の合計得点を計算する。標準偏差などを計算することが多いからである。そして、生徒の合計得点の合計と、教科の合計得点の合計と、両方を計算して、それらが一致するかどうかチェックしている。問題は、それが一致しなかった時である。どの生徒の得点を間違えて入力したのか、わからない。何故なら、電卓は表示された数値が、消えてしまっているので、確かめようがない。

仕方がないからもう一度計算するとなれば、400の升目で、生徒の合計得点と、教科の合計得点だから、縦と横とで2回計算するので、800回の計算が必要になる。厳密には、850回であるが、ともかく800回の計算は大変である。一致しなければ、それは1600回になり、さらに一致しなれば2400回になり、とても人が耐えられる回数ではない。しかし前にも述べたように、成績に関しては決して間違えてはいけない。人間は、間違える動物である。それが機械と違う。まさに、機械的な仕事を人間が行うという方法を解決しなければという考えが、コンピュータを活用する考えにつながった。

コンピュータでは、縦と横の総合計が一致しないことは、決してない。何故なら、プログラムが計算しているからだ。プログラムとは、処理の手順を表したものであるから、それが正確である限り、決して間違えない。プログラムは、決まった手順を表しているが、データは変わる。この場合、データは成績得点を表す数値データであるが、プログラムが正しければ、すべてのデータに適用できるから、例えば表計算ソフトで升目の1個の数値を変えれば、自動的に縦横の合計得点と総合計も変わる。プログラムに応じて、データは自動的に変わる。もちろんプログラム自身に誤りがあれば大問題であるが、表計算ソフトの命令語や関数は、保障されている。

いずれにしても、人が行うことが難しく、機械的な仕事を、正確に、迅速に、容易に、効率的に処理するという考え方で、コンピュータが学校に導入されることになった。成績処理などのように、直接学習に関与しないコンピュータ活用の仕方を、CMI（Computer Managed Instruction）と呼んでいる。このCMIシステムが学校に導入されたのは、日本では1970年代である。かなり古い時代であるが、この時代は先に述べたように、工業社会で、システム思考が幅広く受け入れられた時代であった。CMIは、効率化を目指す目的であった。しかしそれは今日でも、生きている。電卓で成績処理している先生は、現在では見かけないからである。

成績処理から通知表まで

表計算ソフトの機能が向上するにつれて、1枚の表の計算だけでなく、複数の表を処理することができるようになった。これは、便利である。例えば、クラス担任の先生は、10教科であれば、10人の先生から教科の成績をもらって、これをクラスの表にまとめなければならない。紙の表でもらうと、クラスの表に転記するから、当然転記ミスが生じやすい。もし、その教科の先生が作成した教科の表が表計算ソフトであれば、そのままコピーできるから、転記ミスはない。責任は教科の先生にあり、データの発生源だけでミスを防げばよい。同じ表計算ソフトで作成してあれば、そのままコピーできる。しかしデータ発生源でも、例えば教科の先生が、生徒1人分だけずらして記入していたとすれば、問題が生じる。そのままコピーしているので、クラス担任の先生は、ミスがわからない。そこで、教科の表と、クラスの表が正しくコピーされているかを、きちんと確認する必要があるが、とても人がする仕事ではない。そこで、誰の得点かという生徒の名前が、教科の表とクラスの表にあれば、この名前が一致した得点で計算するという処理で、必ず正しくコピーできる。もし、教科の表が、成績上位順に並べ替えてあったとしても、名前で一致させるのだから、決してミスはない。もちろん、その処理は人が行うのではなく、表計算ソフトに組み込まれたプログラムが処理する。

さらに疑り深く、教科の先生の作成した生徒の名前と、クラスの先生の作成した生徒の名前が違っていたらどうなるかと考えてみよう。これは先に述べた、データの発生源が複数あることにミスが起きるという原則から、生徒の名前を記入する生徒名簿の表はどこかで一括して作成して、それを教科の先生もクラスの先生もコピーすれば良い。この生徒名簿の表には、生徒に関する情報が書かれており、例えば転校、転出、家庭環境なども記録されている。例えば生徒の名前が変わったとか、転校したなどの情報をこの生徒名簿の表だけに記録すれば、生徒の名前についてはこの表を参照し、コピーするので、すべての表を変更する必要がない。しかし、もし同姓同名の生徒がいたらどうするのかという問題がある。だから識別可能な番号が必要になるので、これがインデックスと呼ばれる。インデックスとは指標とか索引という意味だから、その指標をすべての表が共通にもっておけば、間違えることはない。

このように、複数の表を参照しながら、自分のほしいデータだけを加工編集することができるようになった。よく知られているように、この機能はリレーショナルデータベースと呼ばれるが、このような機能は、表計算ソフトにも付加されている。リレーショナルとは関連するという意味で、リレーショナルデータベースとは複数の表がインデックスを介して関連付けられているデータベースを意味する。確かに関連付けることによって、各表は独立に作成することが可能になる。生徒の名前、住所、家庭環境、授業料の納入状況、成績、進路情報、各種の心理検査、健康診断、スポーツテストの結果など、すべて1つの表にまとめることは、不可能である。そんなに大きな表を作ることも無理だと同時に、コンピュータのメインメモリーが不足する。だから、表ではなく、生徒1人毎に処理するレコードという単位を導入したデータベースという考えが生まれた。いずれにしても、処理の単位ごとに分割してデータを保存した方が、効率的であると同時に、処理しやすい。そこで、複数の表を用意して、これらを関連付けるという方式が、広く用いられている。データベースと表計算ソフトの機能は本質的に異なるが、実際上は上記のように利用されている。

クラスの表があれば、これを通知表に変換できることは、容易に想像できよう。生徒個人の教科の成績と、合計点と教科の平均点があるから、これを個別の表にして印刷するプログラムがあればいい。また、通知表の形式が異なれば、その形式に合わせた印刷の仕様をプログラムすればいい。例えば年賀状は、その形式がきちんと決まっているので、いくつかのソフトが市販されていて、住所録を元に個別の年賀状の印刷ができる。学校の通知表は、学校によって形式が異なっているので、個々の学校のスタイルによって作成することになる。多くの場合、それは表計算ソフトなどにあるマクロと呼ばれる機能で、簡単に作ることができる。このようにして、成績処理から通知表作成まで、コンピュータを活用するようになった。さらに、教科の平均点がわかっているので、例えば教科の平均点と個人の得点を並べて、グラフにして直ちに印刷できることも、容易に想像できよう。さらに、その結果から、もっとがんばろうとか、ここがもう少しなどのコメントを自動的に生成することも可能であるが、これはやりすぎであろう。これも、もし得点が平均点よりも上ならばといったプログラムを作成すればできる。

以上は、表計算ソフトやデータベースの応用であり、その簡単な解説であって教育工学の研究ではない。教育工学の研究は、さらに発展させた方法の研究であり、この後半で概説する。しかし、学校にコンピュータが導入されてきた経緯を紹介したいので述べた。このようなコンピュータの導入は、今日になって次第に見直されてきた。それは、e-learningが登場してきたからである。e-learningは、今日のホットなトピックスであるが、基本的な考えは、このCMIや第2章で述べたCAIときわめて類似している。これについても、この章の後半で少し触れる。

ネットワークの活用

上記の成績処理をさらに便利で効率的に行うには、ネットワークを活用すればよい。ネットワークでなければ、教科の先生は、クラスの先生まで、教科の表を保存したフロッピーディスクなどを持って行かなければならない。教科の先生はクラス担任でもあるから、忙しい。もしネットワークならば、この問題はすぐに解決できる。ネットワークではコンピュータがつながれているので、原理的にはどのコンピュータからでも参照できる。クラスの表も、教科の表も、共有のフォルダの中に保存すれば、全員が参照できるので、間違いなく処理ができる。しかし、現実は簡単にいかない。

もし、生徒にその共有フォルダーを見られたら、そして成績を改ざんされたら、それは大変なことになる。共有するかどうかは、教員かどうかをコンピュータが認証することによって決まる。認証できるといっても、顔を見て判断しているわけではない。本人のユーザ名(ID)とパスワードなどで判断しているに過ぎない。もし生徒が教員のユーザ名(ID)とパスワードを知って、ネットワークに入ったとすれば、あるいは共有ファイルにアクセスしている途中で、画面をそのままにして外に出た間に、生徒が画面を見て改ざんしたら、などと考えると、難しい。学習指導要録などの重要なファイルは、職員室の金庫に保管する、成績書類は教員の机の中に保存する、授業料の納入書類は事務室で保管するというように、教員や事務職員がいる状況で保管しているのが現実であるが、ネットワークであれば、つながっているどのコンピュータからでも、そこにアクセスできる。これが便利である反面、セキュリティの問題が発生するという事態になる。

そこで、現実には様々な方法が考えられている。ネットワークを使用しないということもその対応方法であるが、いずれにしても、運用上のルールが必要である。

テストの分析

市販の表計算ソフトを使って成績処理や事務処理を行うことは当然のことで、便利になっただけである。もちろん、この意義は大きい。現実の学校教育のあり方を変えるのは、並大抵ではない。しかし、さらに教育活動に寄与できるメディアの活用がないかと模索された。その1つは、テストの分析であった。一般にテストは、成績をつけるための手段という考えが主流であった。成績という意味では、テストにより選抜する入学試験などの目的から言えば、大きな意味を持つ。

しかし現実には、授業の終了5分前に小テストを実施することがある。この小テストを実施する意図は、成績をつけるというよりも、学習内容の確認のためであろう。生徒自身が確認することによって、学習意欲を高めるという目的もあれば、教員自身が自分の教え方などを反省したり、教材を工夫したりするなどの目的でも実施される。このように、成績を付けるという目的の評価を、総括的評価と呼び、教え方や教材の工夫や、生徒の自己診断のために行われる評価を形成的評価と呼ぶ。この考え方は、ブルームの教育目標分類と共によく知られているが、それは第2章のチュートリアルの項でも少し述べた。診断することによって、何かの目標を達成するための知識や技能を形成するには、どうしたらいいかという情報を得るために行うテストである。しかし現実は、総括的評価も形成的評価も厳密に区別しているわけではない。だから、期末試験の結果から、来年度の教材や指導法を改善するヒントを得てもよい。そこで、様々な方法が提案されてきた。

日本で開発されて広く学校で活用されている手法の１つが、佐藤隆博のS-P表分析と竹谷誠のIRS分析である。その他にも多くの手法があるが、ここではその考え方だけ簡単に述べる。詳細は参考図書を参照されたい。S-P表分析もIRS分析も、得られたテスト結果から、有効な指標を得ることを目的としている。やさしい問題は誰でも正答しやすく、難しい問題は成績の良い生徒しか正答できないということは、常識的にわかっている。しかし現実には、難しい問題に得点の低い生徒が正答したり、やさしい問題に得点の高い生徒が誤答したりする。それは、生徒がその内容だけ得意であったかもしれないし、当て推量で正答したかもしれないし、ケアレスミスかもしれないし、あるいは作成した問題自身に異質な内容が含まれているかもしれない。原因はわからないが、この生徒やこの問題には何か考える必要があるという、診断できる情報を提供するという考え方である。それがS-P表の１つの情報提供である。

他にも多くの情報があるが、問題の作り方や、生徒の指導の仕方を診断できるように支援する機能が含まれている。それは、成績が良かったかどうかという結果だけなく、その結果から指導上のヒントなどの診断機能を持っていることが、学校で受け入れられたといえよう。なおS-P表のSは生徒（Student）、Pは問題（Problem）を表し、横軸に生徒名、縦軸に問題項目とすれば、正答ならば1、誤答ならば0、の正誤の一覧表ができる。生徒を得点の高い順に並び替え、問題は正答率の高い順に並び替えると、1と0からなる一覧表ができる。これをS-P表と呼んでいる。

またIRS分析は、これをさらに発展したとも考えられる。やさしい問題と難しい問題といっても、それが直線的な関係になっているわけではないことは、よくわかっている。さきのS-P表分析と同じように、難しくても得点の低い生徒が正答したり、その逆もあったり、現実は様々である。それを問題の内容と考えると、問題間に関連があると想定する。例えば、Aはやさしく、Bは中間で、Cは難しい問題としても、A、B、Cと直線的に配列されてはいないだろうと考える。そこで、どんな関係になっているかを、分析する手法がIRS分析である。Iは項目、Rは関連、Sは構造という意味で、項目間の関連を構造的に表示できる。それには、様々なケースがある。例えば、難しいCの問題に正答したほとんどの生徒は、それよりやさしいBとAに正答できるが、Bの問題に正答した生徒は、かならずしもAに正答できないという場合がある。このケースには、問題Cと、問題B、Aの間に順序関連があると考え、問題BとAの間には、順序関連がないと考える。このようにして、すべての問題項目間の順序関連を、グラフにして表示する方法が、IRS分析である。

したがって、順序関連という考え方に意味がある。問題Aから問題Bに順序関連があるということは、問題Bに正答した生徒は、ほとんど問題Aに正答できるという意味である。これは、問題AとBの間に共通の特性があると考えられる。例えば、問題Aが分数の掛け算、問題Bが分数の割り算とすれば、問題Bを理解するには、問題Aの理解が前提となるわけで、ここに問題の内容的な順序関連が包含されていると考えることができる。もしそうだとすれば、指導の順序や学習の順序にも、この順序関連がヒントを与えることになる。このように、テスト結果を元にして、内容や指導の仕方などにフィードバック情報を与える方法が提案されてきた。これは、テスト理論と呼ばれる研究の流れとは、別の教育工学研究の流れであった。

練習問題 1

「学校の校内ネットワークを用いて成績処理を行えば効率的であるが、様々な問題がある。現実的には、どうしたらいいと思うか、あなたの考えを述べよ」

練習問題 2

「学校教育では、1から5までの各段階の頻度を決めて評定する相対評価と、ある規準を決めてその規準を参照して評定する絶対評価があるが、それらの評価法の長所と短所を述べよ」

………解答は次のページ

解答1

最も大きな問題はセキュリティである。ネットワークに繋げると、端末さえあればどこからでもアクセスすることができる。教員のパスワードを知ってしまえば、教室からでも、自宅からでも、その教員のファイルにアクセスして、生徒が成績を改ざんしてしまうこともできる。教員のパスワードは、例えば職員室や特別教室でパソコンで仕事をしている教員の光景から、盗むこともある。ITにあまり詳しくない教員が、自分の机にパスワードを書いた張り紙をしていることもある。
このようなことを防ぐためにネットワークにつながずに、職員室にある決められたコンピュータだけで成績処理をするという方法や、暗号化処理のような方法でセキュリティを保つことが考えられるだろう。

解答2

相対評価は客観的である。相対評価の数値を見れば、集団の中のどの位置に属するかが推測することができ、クラスの中あるいはその学校の中での相対的な位置がわかるので、進学する先の学校などでは、相対評価は信頼できる指標になるだろう。これを広げたものが偏差値と呼ばれ、標準化されたテストによって順位付けができるということになる。
絶対評価の長所は、相対評価の短所である。相対評価の欠点は、どんなに頑張っても、5として評価できる数が決まっており、努力しても努力に見合った評価ができないということや、全員がどんなに優れていたとしても、必ず誰かに1をつけなければならないということである。また、成績が良かった、悪かったという結果はわかっても、どのように改善したらいいかが、わからない。また相対評価では、どういう観点の項目で評価が高かったのか、低かったのかという内容に関わる評価ではないので、改善の方法が見えないという短所もある。こうした相対評価の短所は、絶対評価の長所となる。

応用問題1　「観点別評価は、どのような評価なのか、調べてまとめなさい」

2. コンピュータテスティング

資格試験

世の中には、多くの試験がある。英語能力試験、情報処理の検定試験、無線や保安などの技術試験から、運転免許の筆記試験まで、きわめて多い。多くの場合、それは何かの資格を認定するために行われる試験で、資格試験と呼ばれる。資格試験の特徴を考えると、1つは目標が明確になっている。つまり基準が明確であるから、問題もあいまいでは困るわけで、正解が必ずある。一方、今日の総合的な学習などの評価を考えてみると、これらの基準があいまいなので、その評価をどうしたらいいかが難しく、様々な議論を起こしている。大学入試センター試験などを考えれば、正解がないと社会問題にまで発展する。

もう1つは、多くの問題の蓄積がある。初年度は無理であるが、毎年試験を行うので、過去の問題を蓄積して、同じようなレベルの問題を出すことによって、そのレベルを維持する考えがある。あなたの英語能力は、1級ですと認定する場合に、年によって問題の難易度が大きく違ったら、受験生からクレームがくることは間違いないから、過去の問題を蓄積して、同じような難易度の問題を作成したり、選択したりすることになる。この問題の蓄積を、アイテムプールと呼ぶ。アイテムとは問題項目のことであるが、これをプールして、妥当性と信頼性のあるアイテムを選択して、問題作成するという考えが採用されている。

そこで考えなくてはならないのが、この妥当性とか信頼性と呼ばれる考え方である。これは、テスト理論と呼ばれる専門分野があって、そこで研究されてきた。明確な定義があるが、ここではテスト理論には立ち入らず、もっと簡単に英語の検定試験であなたは1級であり、あなたは2級であると、どのようにして判定したらいいかを考えてみよう。もちろん、高い得点ならば1級で、それより低ければ2級であることは、間違いない。しかしマークシートのように、選択肢から選ぶ時はまぐれ当たりがないとも限らない。まぐれ当たりは、仕方がないとして、その問題自身がきちんと1級と2級を判別できるような問題でないとおかしいと考えるのである。まぐれ当たりと言っても、直感的には、10選択肢から正解を当てる確率は、0.1くらいに分布するであろうことはわかるから、これは仕方がない。

しかし、問題自身がきちん弁別することは、どういうことであろうか。これが先に述べた、合計得点の高い生徒は正解率が高く、合計得点の低い生徒は正解率が低いような問題ということになる。S-P表分析では、この傾向を持たない生徒や問題項目を抽出するような指標を提案している。IRS分析では、さらに問題項目間の順序関連まで考えて、分析している。資格試験のような場合は、このような弁別力の高い問題項目を選んで、試験問題にするという考え方をベースにしている。その方が、妥当で信頼性があると考えるからである。過去の膨大な問題を蓄積すれば、そこには受験者の合計得点も、すべての問題項目の正答・誤答も記録されているので、高い合計得点の受験者群に、正解者の比率が高く、低い合計得点の受験者群に、正解者の比率が低い問題を選んで問題項目としたり、類似な問題を作成したり、という方法を用いている。その基準となる指標を弁別指数と呼んでいる。つまり、成績上位者と成績下位者をきちんと区別できるような問題を示す指標というわけである。この考えは、さらに項目反応理論によって理論化され発展されているが、興味のある読者は、参考書を参照されたい。

コンピュータテスト

項目反応理論の理解やその応用は、参考書に任せるとして、ここでは教育工学の立場から、もっと現実的な課題を取り上げてみたい。

資格試験を受けるには、当然ながら試験場まで出かけなければならない。そんなことは当たり前と思われるかもしれないが、現実は時間のやりくりがなかなか難しい。1年に1回だけという場合、もしその日時に病気になったとか、どうしても用事で受験できない事態になったら、来年まで待たなければならない。試験が優先だというのが、世間の常識であるが、どうしても難しい状況があって、無理をしているケースも多いのではないだろうか。時間の問題では、試験会場まで出かけて、しかも時間が長いから、丸1日つぶれることになる。あるいは、数日間必要かもしれない。判定結果は、さらに多くの日数をかけて、受験生に通知される。試験だから当然ではないかと誰も思っているが、もっと短時間で試験を行い、かつ結果も即時にわかる仕組みはないのかという声もある。年末宝くじでも年末ぎりぎりまで待っているし、選挙も即時開票でも時間がかかる。その過程が面白いのだから、すぐに試験をしてすぐに結果を出すのは、このような試験ではふさわしくないと思う人もいるかもしれない。しかし、時代は着実に進んでいる。現実に10分程度の時間で試験をして、しかも即時に結果を出さなければならない実験があった。

小野博が、海外で生活している子供達の日本語能力を測定するという研究をした。筆者は、小野に協力して、その測定に立ち会った。海外で生活する子供は、日本とほぼ同じ内容を教える日本人学校に通う場合と、現地の学校に通う場合がある。日本人学校に通う場合は日本人の子供がほとんどで、日本語の教科書で、日本人の教員によって教えてもらうので、日本語ができないという状況はない。しかし、現地の学校に通っている場合は、どうだろうか。

例えば北米の場合は、周囲は英語で話し、先生も教科書も英語であるから、滞在年数が長くなるにつれて、英語能力は上達するが、日本語能力は低下することは、容易に想像される。4年程度で英語と日本語がほぼ同じレベルになって、それ以上の滞在年数になると、英語能力の方が高くなって、日本語があやしくなるという研究がある。もちろん、これは渡航年齢、周囲の環境、家庭での言語環境に依存するが、小学生レベルでは上記のような報告がある。親は、子供がきれいな発音で自由に英語が話せることを期待しているので、日本語能力の低下を苦にしない傾向があるが、問題は日本語能力と他の教科の学力との関連である。日本に帰国して、日本語で書かれた文章を読み書きする活動を通して、教科の基本的な概念を理解するので、何の言語で理解するかは、重要な要因になっている。つまり、言葉と概念の理解は、密接な関連がある。この関連を研究するために、海外で生活する子供達の日本語能力を測定することになった。直ちに予測されるように、なるべく短い時間で、なるべく早く結果を知らせる必要がある。そこで用いた方法が、コンピュータテストであった。

コンピュータに先に述べた問題項目を蓄積しておき、弁別力の高い問題項目をコンピュータ画面に提示して、その画面に向かって答えを入力してもらい、結果を即時に提示するという方法である。どのようなアルゴリズム(処理の流れ)で、実現したのであろうか。これは先に述べた項目反応理論を適用し、かつ適応型テストという方法を採用した。適応型テストとは何かを簡単に解説すると、それは視力検査の方法を思い出してもらえばいい。視力検査では、始めは視力がわからないから、適当な大きさの文字や記号(以下、マーク)を表示する。もし読めれば、視力がもっと良いということになり、より小さいマークを提示する。もし読めなければ、始めに提示したマークの大きさと、今提示したマークの大きさの中間であるから、その中間のマークを選んで提示する。そしてもし読めれば、それより小さいマークを、もし読めなければ、それより大きいマークを提示して、ある大きさのマーク以上は読める、それ以下は読めないという境界を決めて、そのマークに相当した視力を決定するという方法(アルゴリズム)である。

適応型テストの考え方は、同じである。なるべく早い時間で測定するとは、このようにどのレベルかを決めるのであるから、その範囲を狭くしていく方法を採用している。視力検査の例でいえば、マークが問題項目、視力が日本語能力のレベル、つまり1級とか2級という水準に相当する。このアルゴリズムをプログラムしてコンピュータに記録すれば、直ちに測定でき、かつ即時に結果を判定できることは、言うまでもない。

ところで、ここでは「日本語能力」というように、能力という用語を用いた。それでは、能力とは何だろうか。視力の場合は、目の能力であり、その能力を測定するために、マークを用いた。視力の場合は、そのレベルは1次元である。つまり、体重や身長と同じように、視力1.5は、1.0や0.8より必ず大きく、1.0は0.8より必ず大きい。同じように、問題項目は、何かの能力を測定するための手段であり、測定したいものは人の能力である。それが、1級とか2級というレベルをつけるということは、何か日本語能力の1次元的な軸を想定して、その能力の軸に投影して級を決めていることになる。しかし、先のS-P表やIRS分析で述べたように、問題の性質によって、必ずしも1次元的に並んでいない。そこで、合計得点の高い生徒が多く正答し、合計得点の低い生徒は誤答するという弁別力の高い問題項目を選択して、測定するという方法を用いている。弁別力が高いということは、問題の正答率によって、1次元、つまり直線上に並びやすいからである。正答率の大きさの順に並べれば、ほぼ1直線上に分布して、やさしい問題に誤答した生徒は、難しい問題に正答することは、ほとんどないことを保障するからである。その1次元、つまり直線上に能力の軸を仮定する時、その軸を潜在能力として理論化したものが、項目反応理論の考え方である。

しかし、コンピュータで測定できるのは、問題が文字だけで、例えばヒヤリングテストや、記述式は難しいではないかという声もあるが、現在のコンピュータはマルチメディア対応になっていて、音声も動画も表示できるので、むしろ紙メディアより柔軟性がある。しかし、記述式テストは、採点者の主観が入るので、現在のコンピュータ技術では難しい。そこで始めに述べたように、現在のところ、資格試験のような明確な目標や基準がある場合に、適用されている。北米では、英語能力試験などで、コンピュータテスティングが、実用段階に入っている。今後、発展していくであろう。

練習問題 3

「適応型テストで問題を提示しても、実際は能力のレベルを決めることは、難しい。その理由を考えなさい。そのレベルを決めるには、どうしたらいいか、正確さと測定時間を考慮して、考察しなさい」

練習問題 4

「問題項目が10問あって、これを40人程度のクラスに実施したとして、この10問の問題項目からなるべく1次元に並ぶ項目だけ抽出するには、どうしたらいいか、考えなさい」

………解答は次のページ

解答3

項目反応理論と呼ばれる考え方は、1つ1つの問題が独立しているということが前提である。例えば、「明日」は英語では「tomorrow」で、「黒板」は「blackboard」である。この問題に対する正解率として、「tomorrow」の方が低いという結果が出たとしても、その両方の難易度の間には関係がなく独立しているということが前提になっている。
しかし、大きな問題を小さな問題に分解して、つまり、大問を小問から作る場合は、お互いが関連しあって数珠つなぎになっている場合が多く、そういった場合には実際には実装できないことになる。したがって独立した小問を多く用意した問題項目のデータベース、アイテムプールがないと実際は実装できない。そのような制約条件がクリアされれば適応型テストは有効だといえるだろう。

解答4

これは大変難しい問題で、できなくてもよい。考え方だけ述べると、始めにS-P表のように、「S」つまり生徒の正解率の高い順と、「P」つまり問題の正答率の高い順に並べ替える。やさしい問題は正答である1が多くなり、難しい問題は正答である1が少なく誤答である0が多い。そこで、包含関係を考える。つまり、この難しい問題ができた生徒は、必ずこのやさしい問題はできているというような包含関係を見つけて、それをなるべく多く取り出して抽出するというアルゴリズム、考え方が可能である。そのようにして、いくつかの問題を一次元に並ぶような問題に分割するというような方法が、藤原らによって提案されている。

応用問題2

「2018年度国際学力調査OECD／PISAの調査は、CBT（コンピュータテスト）であるが、何故そうしたのか、その背景を調べなさい」

3.Webの活用

シラバスと科目履修

大学における学生の科目履修の仕方を考えてみよう。学部によっても異なるが、基本的に学生が開講されている科目を選択するというスタイルが一般的である。もちろん、実験実習などの必修科目もあるが、それ以外は卒業に必要な単位を修得するために、自分で科目を選択して履修届を出すことになる。つまり、高等学校までのカリキュラムと違って、自分の専攻に合った自分のカリキュラムを作るということが、前提である。例えば、教育学部でなくても教職の免許を取得したいと希望する学生は、教職関係の科目を履修しなければならない。教職科目も多く開講されているから、免許に必要な科目を選んで、履修届を出すことになる。そのため、免許を取得しない他の学生と、カリキュラムはまったく異なる。もちろん、学部や学科が違えば、科目の履修状況は大いに異なる。一般的に理工系は、文科系よりも実習や実験が多く、忙しいと言われる。

近年では、高等学校も総合科などが新設されている。この総合科は、普通科などと異なって、大学と同じように自分に合った科目を履修して、カリキュラムを作ることが前提となっている。選択科目が大幅に増大しているのである。この傾向は、中学校まで影響していて、選択科目が多くなり自分で科目を選択しなければならない。

必修科目であれば、内容を吟味するまでもなく、受講しなければ卒業できない。しかし選択科目となれば、内容がわからなければ選びようがない。そこで、シラバスの作成が教員に義務付けられている。シラバスとは、単位数、科目の内容、予定、課題、評価法、参考文献などを記載した科目の概要のことである。各教員は開講している科目ごとに、約1ページ程度のシラバスを作成して事務局に提出する。事務局はこれをまとめて、教授要目とか学習内容一覧として冊子に印刷して、学生に配布する。これがきわめて分厚い冊子になる。学部に共通する教職科目やいくつかの資格が取得できる科目は、すべての学部に掲載しなければならないから、その冊子はとても持ち運びできないほどの厚さになるのが通例である。シラバスは大切な情報であることは理解しているが、これほどの厚さになると学生もあまり読む気がしない。どこかに置いてあれば、そこに行って読んで履修科目を決める方が現実的である。

そこで、これらをWebに掲載したらどうだろうかという考えが出てきた。現実を考えれば、自然の発想である。Webであれば、自宅からでも、キャンパス内の図書館のコンピュータからでも、研究室のコンピュータからでも、自由にアクセスできるからである。Webでは、いくつかのウィンドウを作って、自由に検索できるように設計することができる。例えば、科目名、単位、講師、開講時期、開講時間、対象学年、講義室、授業計画、参考書などの項目があって、これを自由に検索して、履修届もWeb上から登録できるように設計すれば、効率的である。事務局も人手で登録学生の作成などしなくても、履修申告の終了後に、Web上から一覧表を作成することができる。このように、Webは第2章で述べたように、「いつでも、どこでも、誰でも」アクセスできることが、特徴になっている。

連絡の仕方

Webがこのように、自宅でも図書館でも研究室でもアクセスできるならば、履修科目の申請だけでなく、出欠席や休講などのお知らせもできることになる。実際、大学のキャンパスには掲示板があって、そこで休講のお知らせとか、試験会場の変更とか、レポートの締め切りなどが掲示されているが、学生はその掲示板まで来なければならない。掲示板を見て、初めて休講だと知れば、学生は怒るか教員に不信感を持つかもしれない。いつでもどこでもアクセスできるという単純な道具が、キャンパス生活を快適にする。

近年ではモバイルコンピュータやスマートフォンが普及して、文字通り電車の中でも歩いていても、掲示板にアクセスできるようになった。同時に、大学からの連絡だけでなく、学生側から教員や事務局に連絡できるようになった。これは、Web上を通してコミュニケーションするというスタイルである。

この仕組みは、どうなっているのであろうか。基本的には、第2章で述べたように、CGI機能とデータベース機能を用いている。ネットワークとはコンピュータがつながれていることを示すから、ネットワークであればいつでもどこからでも、アクセスできる。そのアクセス先は、情報が保存されているWWWサーバーである。サーバーに、例えばシラバスのデータベースを保存しておく。データベースは、いくつかのアプリケーションソフトがあって、そのソフトを使えば、項目の設定、データの入力、検索の仕方などすべての機能は完備されているので、サーバーに実装できる。コンピュータで市販のデータベースソフトを利用したことがある人なら、イメージや操作法はわかるであろう。実際の操作は、サーバーマシンの画面ではなく、離れた場所にあるコンピュータからである。キャンパス内の例えば図書館のコンピュータであれば、サーバーとコンピュータはキャンパスのネットワーク(ローカルなネットワークという意味で、LANと呼ぶ)で結ばれている。図書館のコンピュータからブラウザを立ち上げて、そこから読んだり書いたりすれば、これらのデータはLANを通して、WWWサーバーとやりとりする。自宅からならインターネットを通して、WWWサーバーとデータのやり取りがなされる。そのデータのやりとりは、WWWサーバーのCGI機能によって実現される。このような機能を実装するには、プログラムの知識が必要となるが、詳しくは参考書を参照されたい。

校内ネットワークの活用

以上が大学の事例だが、続いて小中高等学校の事例を考えよう。小中高等学校でも校内ネットワークを構築する学校が多くなった。職員室ではほとんどの教員の机の上にノートパソコンが置かれて、ネットワークで結ばれている。どんな仕事に使っているのであろうか。最初は、プリンタなどの共有である。学校では教材などを紙に印刷して生徒に配布することが多い。なるべくきれいに印刷をしたいと思うのが人情であるが、そのためには高品質のプリンタが要求される。教員の机ごとにプリンタを設置することが現実的でないことは、誰でもわかっている。そこで、プリンタを共有して使うのが、ネットワークの恩恵を受ける最初とよく言われる。

次が、ファイルの共有である。教員も毎年同じような書類を作成することが多い。職員会議では毎年同じ書類を印刷して配布するから、膨大な紙の書類を抱え込むことになるが、とても毎年保存することはできない。そこで、3月の年度終わりに整理して、破棄することが多い。これは小中高等学校に限らす、どの職場でも同じであろう。担当になった教員は、昨年度の書類を参考にして今年の書類を作成することになるが、前任者が転勤になったら、どうしようもない。前年度の紙を見て、同じような書類を作成することになるから、非能率的である。さらに、昨年度のノウハウも伝達できない。そこで、共有ファイルによって、教員が共通に使えるようになれば、効率的である。このようにネットワークによる情報の共有が、学校に見受けられるようになった。

また、学級日誌なども共有ファイルにして、そのクラスや教員などが自由に見られるように実践している学校もある。ネットワークの教育利用の第1は、この情報の共有であろう。効率という点で大きな変革であるが、教育という観点からの変化や課題は、未検討と言える。学校に限らず、仕事上のノウハウなどは、第1章で述べたように、多分に以心伝心的な内容を含んでおり、このような暗黙知の伝達と、情報を共有できるネットワークの関わりは、今後の研究課題と言えよう。

検索の効率化

コンピュータは計算する道具であるから、すべてを計算という仕方、つまりプログラムを組み込むことによって処理している。計算という言葉からは、数値計算を連想するが、計算とは処理を意味している。したがって計算は、数値の計算だけではなく、文字、静止画、音声、動画などすべての情報様式に対して、実行されている。教育という立場からは、数値だけの処理ではなく、文字の処理、写真や音声の処理など、すべての情報を扱えるということが、可能性を広げた。

例えば、インターネットにおける検索を考えてみよう。検索サイトにアクセスして、何かの用語を入力すると、その用語に該当するページが表示される。これは、ページがテキストデータとして、つまり文字として保存されているので、その文字と一致するかどうかで、表示するかどうかを判断している。例えばページ中に、教育という文字を含んでいれば、教育という検索語に一致するので、そのページを表示できる。数値でも文字でも、コンピュータ内部ではコードに変換されているので、コードが一致するかどうかを調べている。そこで、検索の仕方を分析すると、どのような検索語を思いつくかが、重要であることがわかる。詳細は第4章の「調べ学習」で述べるが、それは初心者と専門家の間に、大きな差がある。そこで、検索を支援する方法が、様々に試行されている。

例えば、ある論文を読んで、これに関連する論文がほしいと思うと、索引語を複数入力して、該当する論文を選択するという方法が、一般的である。検索語は、本文とは別に、著者、タイトル、発行年、論文名などと共に、キーワード項目として記述されている。しかし、ここに問題がある。それは、その論文の著者の考えと、利用するユーザの考えは異なるので、それをたったの数個のキーワードが一致するかどうかで調べるのは、難しいという点である。どうすれば、良いのであろうか。もちろん、最適な方法は存在しない。そこで、論文データベースには、数百語くらいからなる要約文(アブストラクト)が記載されていることが多いので、ここに着目する。そして、この要約文全体を、索引語とする考え方を採用するのである。要約文の全体を入力すると、この論文に関連する他の論文が検索されて、どの程度関連しているかを示す関連度の数値と共に表示されるという仕組みである。その方法は、要約文全体を単語に分解して頻度を計算し、他の論文の要約文も同様にして単語の頻度を計算しておけば、それらの間にどの程度の関連性があるかを、計算することができるので、その関連度の大きい順から表示するという方法である。解説が細かくなりすぎたが、このような支援をするには言葉や文字の処理が必要で、自然言語処理と呼ばれている。

練習問題 5

「コンピュータを導入すると、紙の量が減ると言われて久しいが、それは実現するのか、あるいは実現しないのか、それは何故だろうか、考察しなさい」

………解答は次のページ

解答5

紙の最も大きな特徴は、一覧性であろう。一覧性とはひと目で全体が見えるということである。仮に、内容が複数ページにわたって書いてあったとしても、簡単にページをめくることができるし、また、大きな机があればその紙を広げて多くの情報を全体的に一目で見ることができる。KJ法と呼ばれるような方法は、大きな模造紙に紙を張り付けて、一覧で全体の構造をみるということに適している。そのような点が大きな紙の特徴であって、限られた画面でしか見えないコンピュータでは、そこが弱いことになる。

最近では、新聞や雑誌などを電子化した電子書籍と呼ばれる方法で、コンピュータ上の画面で読むという動向もあり、今後どうなっていくのか難しいところである。

応用問題3

「あなたが調べたい内容を挙げて、インターネットで調べた場合、何回でたどり着けたか、記録しなさい。いろいろな内容を調べて、その回数の差について考察しなさい」

4. レポート・作品の評価

成績処理をいかに間違いなく実施するか、いかに短時間に日本語能力を測定するか、分厚いシラバスの冊子をWebにアップして、いつでもどこからでもアクセスできるようにするか、いかに検索を支援するか、などについて述べた。これらの考え方は、一言で言えば効率である。効率とは、いかに速く、いかにわかりやすく、いかに小さく、というように、どうしたら便利になるかを目指した思考方法である。掃除機でも洗濯機でも自動車でも、およそ製品を作る時は、この効率アップを目的としており、その設計の基礎はシステム思考にあることを先に述べた。コンピュータによる教育支援であるCMIは、このシステム思考がベースになって研究されてきた。このことは否定されるべきではない。人と道具の関わりは、このように道具が人を支援するという立場であった。これは情報機器においても同様で、コンピュータは道具という立場で、教育の中に浸透してきた。したがって、道具や支援という用語は、教育工学の重要な概念になっている。

例えば、レポートや作品の評価を考えてみよう。作品やレポートを作成するのは生徒で、それらを評価するのは、教員であるという立場が、これまでの評価という考え方であった。評価する人と評価される人が、明確に区別されて実施されてきた。しかし教育界において、学力観とか教育観が変化するにつれて、その評価の考え方が異なってきた。その学力観とか教育観とは、児童生徒が自ら主体的に活動し、課題を解決するという言葉で示されるように、学習者に視点をおく考え方であった。この考え方は、認知主義や構成主義が反映されていることも先に述べた。このような学習観では、教員だけで評価するのではなく、生徒達自身も評価する方が、考え方に合っていることになる。それが、自己評価や相互評価と呼ばれる方法の導入であった。

しかし、現実には様々な問題がある。その問題点は読者に考えていただくとして、どうすれば、自己評価や相互評価ができるかを考えてみよう。ここでは、相互評価を取り上げる。例えば筆者の事例では、100名規模の学生のレポートや作品を評価しなければならない。膨大な時間がかかることは言うまでもない。仕事であるから時間は仕方がないとして、相互評価を実施するとなれば、ほとんど授業中では無理である。じっくり1つ1つのレポートや作品を読んだり考えたりする時間が無いからである。1つのレポートを数分で学生が発表して、他の学生がこれを評価するとしても、膨大な時間がかかること、時間をかけない発表の評価は表面的な印象で評価することになり、本来の趣旨から外れてしまう。そこで筆者の例では、これらのレポートをWeb上にアップして、キャンパスでも自宅でも読めるようにした。「いつでも、どこでも」という便利な道具という考えが、ここでも生かされる。実際には、メールの添付ファイルでレポートを送ってもらい、これをWeb上にアップする。ただし、著作権があるのでパスワードを入力しなければ、そのページにアクセスできないようにしてある。そして、自分のレポートは自己評価しないようにして、他の学生のレポートを10編くらい評価する方法を採用した。

ここで重要なことは、評価の視点なのである。レポートや作品は、多分に主観的な要素が入りやすい。このレポートの趣旨は何か、そのねらいがあるから、相互評価の趣旨が生きてくる。そこで、その視点を10項目程度、質問形式にして5段階のようなスケールを作って、評価できるようにした。さらに最後に総合評価をしてもらい、さらに自由記述のウィンドウを用意して、評価ができたら送信ボタンを押すように作成した。

そこで、いろいろな知見を得た。第1は、時間の問題が解決できた。真夜中でもインターネットに接続できれば、評価ができる。そして、じっくりと時間を気にせず、レポートを読むことができる。第2は、紙の評価用紙よりも、Webの評価ページは、操作もしやすく学生に受け入れられた点である。WWWサーバーにリンクしたデータベースに自動的に評価結果が蓄積されるので、集計も楽である。送信のログを調べることによって、評価した時間も分析できる。第3は、与えらた数のレポートよりも多くの数のレポートを評価し、丁寧に読んでいるという事実である。この学生の気持ちは理解できるであろう。他の学生は、どのようなレポートを書いているのだろうかという期待感がある。また自己と比較したい気持ちもある。そして、この比較から学生達は多くのことを学ぶであろう。それは教員だけが評価する活動と比べれば、確かに教育的な意義が高いと言える。モデリングの効果とも言えるし、他から学ぶという学習環境を重視しているとも言える。

最後に、学生の評価結果と教員の評価結果は、異なるということである。指摘されれば当然であるが、この違いは興味深い。教員はこの分野の専門家であり、学生は専門家ではない。だから、その違いとは、専門家と初心者の違いである。この違いについては第5章で述べるが、この研究でも、初心者は表面的な評価をし、専門家は内容的な深い評価をするという結果であった。表面的とは、目的、方法、結果、参考資料などの形式がきちんと整っているか、などの評価視点である。内容的とは、論旨の整合性、課題の設定、解決方法の現実性など、表面だけではなく、文字通り内容に関わる評価の視点である。

以上のような知見を得たが、この相互評価の考え方は、先に触れたように、効率だけの考え方ではない。相手から学ぶこと、相手を評価することによって、もう一度自分の目の高さを変えるという意味を持っている。それは、広くとらえれば、他と関わり合うことによる学習とも言えるわけで、相互作用による学習ととらえることもできる。したがって、学習論で考えれば、状況的な学習に近い。Webは、そのために提供された道具であり、その学習を支援していると言える。

練習問題6

「学校教育に、自己評価や相互評価が導入されているが、どのように実施すればいいか、またそれが適用できる範囲と課題について、考察しなさい」

………解答は次のページ

解答6

例えば、自己評価や相互評価が主に用いられる対象は、子供が作った作品などを評価する場合である。これは正誤がはっきりと決まっているテストなどと違い、主観的な評価になりがちで、曖昧になることが懸念される。そこで、その曖昧さを軽減するために、いくつかの観点を決めて評価する。例えば、独自性のある考え方である、実用性に優れている、努力の跡が認められるなど、妥当性のある観点を決めて、評価基準を決めて評価するという方法が一般的である。

こういった評価の仕方は、ルーブリックによる評価と呼ばれる。ルーブリックとは、その評価基準のことを言う。ただし、これがグループによる作品の評価であると、より複雑になる。というのは、グループの誰が作品にどのように貢献をしたのかを反映した評価が難しく、グループ全員に同じ評価をするということになると、不公平が生じるのではないかという課題があるからである。

応用問題4

「あなたは、自分の作品でもいいし、インターネット上の作品でもいいので、どう評価したらいいか、ルーブリック評価を作りなさい」

5.e-learningへの発展

バーチャルユニバーシティー（仮想大学）や、e-learningが注目を集めている。どんな仕組みで、どんな意味があり、どんな課題があるのだろうか、限られた紙面で解説するのは、きわめて乱暴であるが、少しだけ述べておきたい。第2章ではCAIについて述べ、本章では、CMIを含めて、教育へのコンピュータ利用について述べている。本章では、成績処理、シラバスのWebへのアップ、教育評価など、多岐にわたって解説している。イメージ的にはe-learningの学習は、ブラウザをインターフェイスにして、つまりブラウザからWWWサーバに蓄積してある教材にアクセスし、登録し、議論し、コメントをもらい、テストを行い、学習進度をチェックし、単位を認定してもらうという学習形態で、Web上ですべての活動を行うという形態である。だから、Webをベースにして、CAIとCMIが融合し、かつ登録から単位の認定までを行う、きわめて大規模な学習形態で、これをすべてWeb上で行うので、仮想大学と呼んでもおかしくない。

もし、あなたが企業に勤めていて、仕事上でもいいし、自分の知的好奇心でもかまわないが、資格を取得したい、あるいは大学の科目の履修をしたい、さらに大学院の修士号の学位を取得したいという希望があったら、どうするであろうか。放送大学があるけれども、昼間の放送時間に視聴することは困難である。仕事が終わって帰宅した夜間に勉強したいという意欲があれば、そして家にインターネットに接続されたコンピュータがあれば、その希望は実現できる。何故ならば、インターネットを通して登録し、教材にアクセスし、課題をこなし、テストを受け、単位を認める大学があるからである。「いつでも、どこでも、誰でも」というキャッチフレーズがここに生きている。仮想大学だけでなく、企業内教育、生涯学習、通信教育、資格教育、塾など、あらゆる分野に適用される。だから、e-learningが熱いまなざしで、注目されている。

ここでは、その意義と課題についてのみ触れ、そのシステム構成については、第6章の「e-learningの設計」で述べる。仮想大学については、第1は教育が商品化されることである。かつてマサチューセッツ工科大学が、開講科目の講義録の教材をすべてWebにアップして、誰でもアクセスできるように公開した。有名大学の講義や教材はどんな内容だろうかと、その分野に興味ある人なら、強い関心を持つだろう。そして、Web上からある科目に登録し、テストを受けて認定されれば、マサチューセッツ工科大学の単位を取得できるとすれば、大いに意欲を持つであろう。この場合、1単位につき、授業料に相当する料金が課されても、誰も当然という気持ちになるであろう。単位がもらえるのだから、授業料を納入すると同じである。インターネットには国境がない。日本からでもアメリカの大学のWebにアクセスできることは言うまでもない。だから、優れた教材、優れた教育プログラム、優れた大学の単位が、商品化されるのである。それは、国際的な市場になり、教育という商品は、国際競争社会の中で、流通することになる。

第2は、上記のように国際化すると同時に、ブランド志向を引き起こす。有名商品を購入したいという消費者の心理に似て、有名大学の単位や学位や卒業免許を取得したいという気持ちを引き起こし、そこに競争が生まれる。いくら有名大学であっても、教材が難しくて理解が困難で授業料が高いため持続しなければ、人気は下がる。自動車でも、高価で操作性やサービスが悪ければ、人気が下がるのと同じである。しかし、人は優れた商品をほしがるのと同じように、優れたブランド品の教育を購入しようとし、ブランド志向が引き起こされることになる。

第3は、大学の統合化を、引き起こす。仮想大学だから、現実のキャンパスは複数あってもよく、単独の大学が単独の仮想大学を作る必要はない。お互いの特徴を生かした仮想大学が作れるので、少子化が進む中で、大学間が連合したり統合したりしながら、生き残りをかける動向に、この仮想大学はきっちりと符合すると言える。アメリカではこの傾向が顕著であり、複数大学がお互いの良さを出して、学生の確保に努めていると言える。

第4は、コンテンツの良さが問われる。e-learningの仕組みは、簡単には、ブラウザをインターフェースにしたCAIとCMIを融合したような、大規模なシステムだと述べた。今日のインターネットやWeb技術によって、ますます機能は多様化できる。チャット、ビデオカンファレンス、メール、データベースなど様々な機能を取り入れて、充実されるであろう。だから、コンテンツが評価されるといえる。コンテンツとは文字通り内容である。市販図書が売れるのは、体裁ではなく内容であることは言うまでもないが、e-learningも機能が充実してくれば、結局は内容の良さが決めることになる。

他にも意義はあるが、まだ発展途上のシステムであるので、次に課題について述べる。これも将来解決される課題もあれば、本質的な課題もある。

第1は、教員の労力が大きいという課題である。すべての教材をWeb化しなければならないと、その労力はきわめて大きい。教材は書き言葉であるテキストで記述しなければならない。授業の多くは、テキストよりも話し言葉で学生に伝達される。話し言葉で伝える内容を、すべて書き言葉にすることは不可能だから、中心となるべき内容をテキストにすることになるが、それは単純なテキストでは難しい。何故なら、話し言葉の冗長さで、テキストを補完するので、対面授業で学生は理解しているからである。それは、ちょうど電子メールだけで、ニュアンスを含めてすべて相手に伝達することの難しさに似ている。

第2は、教員の学生への指導方法の労力の大きさである。e-learningでは、学生の質問は電子メールで行われる。しかし、すべての学生の電子メールの質問に、書き言葉である電子メールで返事を出していたら、他の仕事ができなくなる。きわめて時間がかかることは、容易に想像できよう。ビデオカンファレンスを使用すればこの問題は解決できるが、それは、「いつでも」受講できるという特徴が失われる。

第3は、学習の継続の難しさである。e-learningの問題点で最も大きい課題と言ってもよいが、ドロップアウト率が高いということである。これは誰でも想像できるが、Web上の教材だけにアクセスして自己学習できて単位を取得できる学生は、相当の能力がある。それ以外では、かなり難しく、結局理解できなくなって、ドロップアウトすることになる。どうしたら、この学習の継続性を高めたらいいのかが、大きな課題となっている。

その他にも多くの課題があるが、それは読者の宿題にしたい。

練習問題7

「e-learningにおけるその他の課題について、考えなさい。さらに、上記のような課題に対して、どう対応したらいいか、あなたの考えを述べなさい」

………解答は次のページ

解答7

e-learningの研究でよく言われる問題が、孤独感である。e-learningで学習する場合、自宅や職場で1人で勉強するというスタイルが多く、同僚や友達が同じような環境で勉強しているかどうかを知ることが難しい。一方、教室の中で行う教育には、周りに同僚がいて、私達は勉強する動機づけや勉強方法の共有ができている。そのような点を考慮し、最近のe-learningシステムでは、同じ時間にどのような人達が勉強しているのかを知って、その仲間とのコミュニケーションや、メンターと呼ばれるようなアドバイザーに相談できるシステムなどが導入されている。

応用問題5

「同時双方向型のオンライン学習（同期型）と非同期型のオンライン学習について、それぞれの長所と短所を挙げて、現実にはどうしたらいいか、考察しなさい」

応用問題6

「日本の文部科学省は、2019年頃にオンラインでのテスト（CBT）を、大学入学試験システムとして検討したが、断念した。その理由を調べて、考察しなさい」

4章

情報教育の内容と方法

第3章までの内容は、広く考えれば教育方法の分野といえる。コンピュータなどのメディアを用いて、いかにわかりやすく理解させるかという方法についての研究であった。これに対して、情報教育は方法と内容の両方を含む。コンピュータを手段ととらえ、対象を広く情報ととらえる。始めに、内容としての情報のとらえ方、次に方法としての情報機器の活用について、述べる。

1. 操作能力と科学的な理解

コンピュータ操作の難しさ

始めに、「何故コンピュータの操作は、難しいのか」について、考えてみよう。今日では、コンピュータは学校だけではなく、中高年であっても講習会があって、国民全体が取り組んでいるといっても過言でない。しかし、このコンピュータの操作は、初心者にとっては、容易ではない。マック(Mack,R)らは、コンピュータ操作の難しさを以下の8つの項目に分類して述べている。

・初心者にとって学習そのものが難しい

コンピュータ操作は、自動車の運転や電化製品の操作などに比べて、初心者が予想していた以上に、難しい。研修などによって学習した内容を、実際の場面で適用する時に、様々なトラブルが生じて、対応できない。

・基礎的な知識が欠けている

コンピュータが何故動くのかが、理解できない。コンピュータの用語が理解できない。トラブルが生じた時、何の知識が関連しているのかが、わからない。

・ユーザーは、その場その場で適当に解釈する

トラブルや何かの障害が生じた時に、自分なりの解釈をする。

・ユーザーは、知っている知識を一般化する

例えば、タイプライターの経験がある時は、そのタイプライターの操作や機能をそのまま文書処理ソフトに適用して、操作する。

・画面からの指示によって、トラブルが生じる

ユーザーは、画面からの手順を示す指示通りに、操作していない。その指示の内容を、常に理解しているわけではない。

・問題が、問題を生じる

トラブルが生じた時、そのトラブルを理解できないために、さらにトラブルが生じる。

・画面からのメッセージが、明らかでない

画面からのメッセージを理解する前提知識によって、トラブルが生じる。前提知識が誤っていれば、その後の操作結果の表示を見て、混乱する。

・ヘルプ機能が、ヘルプしていない

ユーザーは何を質問したいかを知っているとは限らない。ユーザーの質問に対するヘルプ機能からのメッセージが、その問いに答えていない。

以上のように、特にアプリケーションソフトを操作する上で、初心者が陥りやすいトラブルがまとめられている。

デザイナーモデル

上記のトラブルは、以下のように考えられる。ソフトウェアを開発した人は、専門家である。これに対して、ユーザーは初心者である。だからそのトラブルとは、専門家と初心者の間に生じるトラブルと考えることができる。それは用語1つでも差異がある。

例えば、キーを入力してくださいと初心者に伝えると、始めは強くキーボードからキーを押してしまいがちだ。すると、コンピュータはそのキーを繰り返して入力しているのだと判断するプログラムが組み込まれているので、画面上に同じ文字が続いて表示されることになる。入力という操作は、軽くキーを押すという考えがあるが、初心者にはそれがない。それは入力が、力を入れると書いてあるからだというジョークは、少し的を射ている。初めて入力すると聞いた時、何を連想するであろうか。何か、籠にモノを入れるとか、靴箱に靴を入れるといった、すでにユーザーが経験しているイメージであろう。そのイメージが頭の中に生じたら、その脳の指示にしたがって、操作するであろう。そして文字が連続的に表示された時、おかしいと感じることになる。例えば、画面上に何かのエラーメッセージが出ても、どうして間違いなのか理解できない。何故なら、自分の経験から得た知識をそのまま適用したからである。ヘルプ機能を用いてヘルプしようとしても、どう検索していいかわからない、というよりも、現在の状態をどう表現していいか、難しいからである。画面に連続して文字が表示されているとか、1文字だけを入力したいとかならば、文字入力という検索用語を思いつくが、初心者では、打ち込みなどの用語を用いる場合もあり、この用語をそのまま入力しても、おそらくヘルプの検索語辞書には、ないであろう。

このように考えると、前提となっている知識や、コンピュータへのメッセージの伝え方、コンピュータからのメッセージの解釈の仕方、その指示による操作の仕方にトラブルが生じるのは、当然と考えられる。

上記のように用語だけでも、コンピュータが理解している用語の意味、すなわち文書処理や表計算などのソフトウェアを開発した人の持っている用語の意味と、初心者の持っている用語の意味に、差異がある。その差異が、トラブルを生じさせるのである。それは、ソフトウェアを開発した人の持っているモデルと、ユーザーの持っているモデルの違いとも言える。デザイナーモデルとユーザーモデルと呼ばれるが、モデルとは、イメージとか理解する枠組みのような意味である。例えば、電流という用語を聞いた時、何か電気の粒が電線の中を流れるとか、それは何かホースの中を水が流れるというイメージを、思い浮かべるであろう。このモデルがあると、水が高い所から低い所に流れるということから、電位の高い場所から電位の低い場所に電気が流れることが推測できる。実際のイメージでは、乾電池のプラスの端子からマイナスの端子へ、電球を通って流れていると想像できる。しかし、この水の流れのモデルをそのまま適用して、物理的に高い場所から低い場所に電気も流れるのだと勘違いすることもあるだろう。実際に小学生などの調査では、そのような誤りが分析されている。このように人は何かのモデルを持って、対象を理解しようとする。これは、第1章の認知主義による学習で解説した。

デザイナーモデルとユーザーモデルのギャップが、トラブルを生じさせる。そして、その間を結ぶインターフェイスが、ヘルプ機能や、操作マニュアルや、エラーメッセージである。だから、理解しやすいヘルプや操作マニュアルは、教育工学の研究分野でもある。そして、この関係は、デザイナーが教員、ユーザーが生徒、ヘルプ機能やマニュアルやエラーメッセージが、教科書や教材や教室での学習指導と考えれば、授業過程そのものと考えられる。だから、わかりやすいマニュアルの作り方、わかりやすいヘルプ機能の分析と開発などは、教育工学研究の分野と述べたのある。

基本的な概念

すべてのアプリケーションソフトの操作法を教えることは、学校教育にはなじまない。何故なら、ソフトウェアの種類も多く、すべてを教えることは時間的に無理という制限もあるが、基本的な内容を教えることが、学校教育の目的だからである。この世の中の多くの知識や学問があるが、その中でこれは重要だと考えられる、つまり将来の基礎や土台になると考えられる内容に精選して、カリキュラムが組まれている。

情報教育のカリキュラムも同様で、これは基礎基本と考えられる内容だけを、生徒達に学ばせることになる。先のコンピュータ操作について言えば、コンピュータの基本的な概念に焦点化することになるが、それを我が国の情報活用能力の定義では、情報の科学的理解と呼んでいる。基本的な概念だけを、教えるという考え方である。例えば、生徒達があるソフトの操作をしながら、そこで何を学ぶのであろうか。手順だけを教えても、ソフトが違えば、別の手順になる。次々に開発されるソフトの手順を、次々に教えることが情報教育ではないことは誰でも同意するであろう。例えば、画面のボタンを押すと、別の画面に切り替わるが、その背後にプログラムが実行されていることを、理解する必要がある。あるいは、ワープロと表計算と電子メールのソフトを実行していたら、表示速度が遅くなったとしたら、そこにCPUの性能や、メモリーの容量が関連していることを、理解させる必要がある。プログラム、ファイル、メモリー、CPUなどは、情報の科学的な理解における基本的な概念だからである。それを、いかに実習をさせながら理解させるかが、教員の力量ということになる。

概念と手順の学習

それでは、実際の指導法について考えてみよう。概念を教える指導法と、手順を教える指導法を比べると、どのような違いがあるだろうか。手順に焦点化した教材を与えた場合と、概念に焦点化した教材を与えた場合で、その後に、別のソフトによる課題を行わせるという実験である。もちろん、そのソフトには、先に学習した概念が反映されており、手順も反映されている。結果はどうであったか。手順を教えた方が、課題のパフォーマンスは成績が良かった。それでは、手順を教える方が良いではないかと、早急に判断してはならない。概念が重要であることは、言うまでもない。また手順だけを教えても、ソフト毎に次々に覚えなければならないから、意味がないとも言えない。このような実験室での研究は、長期間にわたる実験ではないので、現実との対応が難しい。実際、概念を獲得するには、長期間の学習が必要であろう。ファイルという概念はと教えてもらっても、実際の場面ではなかなかその概念が呼び出せない。手順を通して、しっかりと体験していないので、肝心な時に呼び出せない。手順を教えてもらうと、その通りにはできるが、他のソフトに適用すると、つまずいてしまう。

第2章のシミュレーションの項で解説したが、疑似体験を通して、この意味はこうではないかと推測するようになる。つまり概念が形成される。それをこうであると教えてもらっても、なるほどそうかと納得できないのではないだろうか。コンピュータを操作する時に、そのような経験をもつ人が多い。始めは意味もわからず操作しているが、その内にそうだったかと納得するようになる。先のキーボードからの文字入力では、何度か繰り返しているうちに、文字がキーボードを通して、多分電圧に変換されたコードが、コンピュータ内部に送られ、それが画面に表示されるというプロセスをイメージするようになり、何か入ったという意味が理解できるようになる。このように、情報の科学的な理解は、基本的な概念の理解であるが、それにはこれまでの科学的概念獲得のプロセスと同じように、実験やシミュレーションや実習などの体験が必要である。実験室の研究結果と、実際の指導法のギャップは、ここにもある。

2. 情報活用の実践力

計画書の作成

情報活用の実践力とは、何であろうか。例えば、「レポート作成の指導をするには、どうするか」を考えてみよう。レポートを作成するには、何かテーマがあって、そのテーマに基づいて、調べたり、実験したり、インタビューしたりという活動がある。次に、これらを整理し、まとめ、最後にレポートとして提出するか、発表するという手順になる。ここに、情報を扱う能力やスキルが埋め込まれている。

例えば、研究テーマではなく、もっと身近な家族旅行計画について考えてみよう。まずいつどこに行くか、予算はどうかなど、全員の希望を尋ねることになるが、多分それはメールではなくて、お茶の間での会話であろう。温泉か観光かなどの目的と日程を確認したら、場所やホテルをどうやって調べるのであろうか。旅行代理店に依頼する方法、インターネットで調べる方法、広告のチラシを手がかりにする方法、詳しい人に聞く方法などもあろう。したがって、広く情報を扱っていることになる。インターネットで検索すると、旅行代理店で代行してもらうよりも価格が安いこと、混み具合や天気予報までわかることなど、便利な使い方を知ることになる。ここで、インターネットの使い方、検索の仕方、検索の仕組みなどを、文字通り実践的に学ぶことになる。

やがて、複数の候補が出てきたら、その長所短所を提示して、比較検討することになる。価格のような数値で決まる場合には、シミュレーションが有効な場合が多い。例えば、Aの候補とBの候補、Cの候補で、交通費、ホテル代、夕食のオプションなどを表にして、比較するとわかりやすい。旅行計画では、あまり真剣に表などを作成しないかもしれないが、例えば自動車を購入する場合は、どうであろうか。高価で、多くの車種がある。カーナビゲーションを付ける時、ステレオを付ける時、カーマットを付ける時、オプションが多くなるほど、計算が面倒になると同時に、間違えやすい。そこで、表計算ソフトなどを用いて、表を作って比較検討することになる。あるいは、企業がこれまでの企業内研修を集合研修に代わって、e-learningで実施しようとすれば、単純ではない。少なくとも、費用を見積もって、シミュレーションを行わなければ導入することはできない。これまでの集合研修に必要な価格、e-learningで必要な価格と、初期投資額などの比較表が必要である。そこで、表計算ソフトの使い方の実践的なスキルが求められる。もっと重要なことは、シミュレーションを実施する上での、項目の選び方などであり、何が重要かという視点がないと、比較することの意味がない。つまり広く情報を扱う能力が問われている。

最後に、計画書をまとめる時、レポートとして提出することになる。家族旅行計画の場合には、立派な計画書は必要ないかもしれないが、企業などの計画書では、相手に意図がきちんと伝わる計画書でなければ、取り上げてくれない。計画書とか企画書と呼ばれる多くの内容は、相手にいかに正確に、しかもポイントを押さえて内容を伝えられるかにかかっており、それは文字通り情報を扱う能力に他ならない。

先に述べた情報の科学的な理解とは別に、実際の文脈の中で情報を扱える能力やスキルを、我が国では情報活用の実践力と呼んでいる。

課題と実践力

さて、上記のような能力やスキルが実際の場面で必要なことがわかったが、情報教育ではどのように学習指導するのであろうか。まず課題を優先するのである。この考え方は、重要である。例えば、先の家族旅行計画書の作成例でいえば、この計画書を作るという課題がはじめに出てくる。学校教育では、修学旅行計画とか、クラブ活動遠征計画書の作成などであろう。この課題を始めに設定して、どんな手順で作ったらいいか、話し合ってみようと、グループでの話し合いなどが設定されるであろう。

それは、ちょうど企業における計画書を作成する時の、ブレインストーミングに似ている。複数のメンバーが上下関係を持ち込まないで、なるべく自由な発想でテーマや方法を考える。それから、さてどのように実行したらいいかを話し合う。そしてチームで取り組むので、分担を決める。分担は、なるべくその内容に精通した人に割り当てるが、場合によっては難しい課題もある。その時は、どうするのであろうか。仕事であれば、専門家に聞くか、文献を調べるか、同僚の応援を頼むか、様々な手段を講じるであろう。つまりこの考え方は、できるから与えるのではなく、分担の課題が先にあって、その課題はたぶん努力すればできるだろうという期待の下で実施されるものである。企業は学校ではないから、そのような仕組みを導入している。情報活用の実践力の育成には、同様な考え方が反映されている。やってみようという課題が始めにあって、その課題遂行に必要なスキルは、課題を遂行しながら獲得していくというスタイルをとる。

例えば、数学の教科書を考えてみよう。基礎的な問題があり、次に練習問題があり、そして最後に応用問題があって、さあやってみようと生徒達に呼びかけている。これがスタンダードな教科書のスタイルである。つまり、基礎があって、定着問題があって、そして応用課題があるという流れになっている。しかし、実践力というスキルや能力の育成には、逆のスタイルが適している。

実践力とは、文字通り実際に使える能力やスキルのことであり、実践しながら覚える知識やスキルのことである。これまでの教科の学習は、試験問題で測定できる知識や理解であった。それは、頭の中に入っていれば、そこから呼び出して答案用紙に書き出せる知識であった。しかし実践力とは、実践する場面で発揮できる能力であり、これまでの教科の学習と考え方が異なるといってよい。したがって、先の情報の科学的な理解を認知主義の学習に対応付ければ、情報活用の実践力は、状況的な学習観に近いと言えよう。

課題分析の能力

課題を優先するという考え方では、そこに知識やスキルが埋め込まれていて、ちょうど課題が木の幹だとすれば、必要な知識やスキルは枝や葉に相当する。そこで問題となるのが、この実践力の能力の差はどこから生じるのかという問題である。この問いに答えるのは難しい。経験的には、練習量とか経験数に比例するともいえるが、実際にはどうであろうか。例えば、仕事のできる人は、実践を積んだ人が多いが、実践経験が少なくても、仕事のできる人もいる。仕事一般になると範囲が広すぎるが、コンピュータや機械などを扱う実践的なスキルや知識の差は、どこから来るのであろうか。

これにヒントを与える研究が、鈴木宏昭の課題分割能力の研究である。この興味深い研究は、学生にコピー機を使った課題を与える。6ページ分の原紙を与えて、裏表印刷をページ毎に並び替えて印刷するという課題である。今のコピー機は、裏表印刷もページの並び替えもできる。しかし、たかがコピー機と考えてはいけない。読者も経験あるように、コピー機でもビデオ録画でも携帯電話でも、およそ機械とか道具と呼ばれる操作法に戸惑ったことはないだろうか。道具は人を見るのだろうかと思うくらい、言うことを聞いてくれる時もあれば、まるっきり動かない時もある。いったいどうなっているかと思うことがある。機械や道具であるから、もちろん、トラブルには原因がある。操作時間のかかる人と、短時間でできる人の操作を分析して、それが課題を与えた時の課題を分析する能力の差ではないかと、鈴木宏昭の研究では仮説を立てた。その課題分割能力とは、課題を下位の課題に分割できるかどうかの能力という仮説である。

この課題分割については、第2章のチュートリアルの解説で、すでに述べたので省略するが、ある課題を遂行するには、下位にどのような課題が必要かを分析して、いくつかの下位課題に分割するのである。先の例では、下位の課題は、用紙が6ページあること、裏表印刷すること、ページごとに並び替えることなどであり、その下位課題と実際のコピー機のメニュー項目と比較して、例えば、裏表印刷、ソーティング、原稿枚数などと対応付けることによって、操作するという。したがって、いかに下位課題に分割できるかという能力差が、この実際の操作時間に影響を与えるという研究であった。

この研究が主張するように、確かに課題を遂行する時に、私達は知らず知らずのうちに、課題を分割していて、道具や機械を使う時には、その下位の課題と一致するかどうかで、メニューボタンを選んでいるかもしれない。

先に述べたデザイナーモデルにおけるソフトウェア開発者は、この課題分割によって、メニュー構造を作成しているかもしれない。そのデザイナーと同じ課題分割ができれば、たぶん操作は自然にできるであろう。ただし、デザイナーと初心者は同じ課題分割をしていないことと、用語自身の意味や概念が異なっているので、つまずきが生じることはすでに述べた。しかしこの考え方は、実践的なスキルや知識の差を考える上で、参考になろう。

3. 情報社会に参画する態度

プライバシーの保護

例えば、「電子メールプライバシーを、どう指導したらいいか」を考えてみよう。これは、校内ネットワークがあって、1人1人の生徒にメールアカウントを発行していて、お互いにメール交換できる状況を想定している。そこで、例えばある生徒が、別の生徒の悪口を書いて送ったとか、学習以外の内容について電子メールを使用した時、どうすべきかという問題設定があるとしよう。この文脈は、校内ネットワークなので、外部にはメールの内容は流れないが、学校内の生徒達には、電子メールの交流はできるという設定である。

校内ネットワークであれば、管理責任者は存在する。たぶん、それは情報担当の教員であろうが、その管理責任者は、電子メールの内容を読むことは可能である。電子メールは、ネットワークを通して基本的にはテキストという文字で、送られている。メールサーバーにそれらのメールは蓄積されているので、その内容は管理責任者であれば、読むことができる。しかし、それが生徒のメールであっても、プライバシーに関わることである。生徒の知らない内に、勝手にカバンの中の持ち物検査をされるようなものであり、管理責任者が勝手にメールを読むのは、おかしいという意見がある。反対に、学校という組織の中で、学習以外のことで、電子メールを使用するのは、本来の目的からずれているので、ちょうど生徒達がふざけたり、校則に違反したりすれば、教員が注意すると同じように、注意すべきだという意見もある。それが目に見える形であれば、明らかに注意できるが、電子メールという直接には目に見えない場合には、やむを得ず管理責任者がメールをチェックするしか、仕方がないという考え方である。

このように、生徒達の自主性に任せるならば、例えば放課後に自由にコンピュータ室を開放することもある。インターネットなどにアクセスできるような環境では、フィルタリングなどを適用しない限り、有害情報などにもアクセスできる。それは見えないから仕方がないのではなく、管理責任者であれば、インターネットへのアクセスの記録を自動的に保存しているので、容易にチェックすることができる。ならば、このようなチェックは教育機関であれば、当然ではないかという議論もあるし、プライバシーの保護という立場もある。このように、情報社会に参画するには、いくつかの問題を明らかにする必要が、求められてきた。それは、情報社会に参画する態度と呼ばれている。

論理的な思考

先の事例では、考え方によって、どちらの立場に立つこともできよう。こうであると断定しにくい側面がある。またそのように断言しても、自分はこう思うと主張する生徒もいるかもしれない。どう考えればいいのであろうか。この立場なら、こう考える、別の立場ならこう考えるということを、明確にすることではないだろうか。それは、あいまいにすることではない。論理的に考えさせることである。数学や自然系の教科であれば、必ずそこに正解がある。正解にたどり着くためには、論理的な考え方をしなければならない。それが、このような教科の目標でもある。しかし、このように立場によって解が揺れ動くような課題には、果たしてどうすればいいのであろうか。必ずしも正解とは言えない解を求めて考えることの意味は、どこにあるのかという問いである。

しかし考えてみれば、世の中には正解のない多くの問題がある。米の生産地である石川県の小学校と、米の消費地である東京の小学校の子供達が、テレビ会議を用いて議論をした。東京の子供達は、現在の米には多くは農薬を使っているので、身体にとって有害であることを知って、無農薬の米を生産すべきだと主張する。石川県の子供達は、無農薬では米が生産できないこと、価格にも問題があることから、無農薬による米の生産に反対だと主張する。これをテレビ会議で討論させるが、その議論は大人であっても興味深い。そして、この授業では、議論をテレビ会議とWeb上の電子掲示板の両方で実施した。テレビ会議では、議論が白熱して、お互いに自己の主張を譲らないが、Webの電子掲示板では、お互いの立場もわかるような意見が出てきた。やがて、この議論で実際に無農薬の米を作ろうという意見が出てきて、東京の子供達は、無農薬の米つくりを実践する。その結果、無農薬の米は、商品価値がきわめて低く、店頭には販売できないことがわかった。ここで、子供達は現実の壁にぶつかったのである。これから先の実践は省略するが、立場によって、考え方が異なること、必ずしも正解がないことを知る学習であった。

しかし正解がなくても、その思考過程はきわめて論理的であった。それは、後で冷静になって考えて自分の意見をアップしたWeb上の掲示板に、よく表現されていた。正解はわからなくても、こうではないかと論理的に考えていたからである。このように、世の中の多くの課題は、正解が決まらないことが、むしろ多い。だから、あらゆる角度から検討しているといっても、過言ではない。

情報社会に参画する態度の育成とは、このような社会に横たわる課題を題材にして、自分で考え、自分の論理的な思考を高め、判断力を習得する学習過程と言える。正解のない課題に取り組んだ経験が、これまでの学校教育では少なかった。むしろ少なすぎたとも言える。もっと自分自身で考えさせる経験をさせる必要があろう。それは長い目で見た時に、大切な能力として開花するであろう。この情報社会に参画する態度で、このような討論や議論が中心にある授業といえる。もちろん、そのためには知識が必要である。先の電子メールプライバシーの例では、電子メールの仕組み、メールサーバーの役割、場合によっては暗号の仕組みなどの知識が必要とされる。このような知識は、先に述べたように、課題を解決する過程で獲得される。

情報活用能力

以上のように、情報活用能力は、情報の科学的な理解、情報活用の実践力、情報社会に参画する態度という3つの下位能力から構成される。これが、我が国の情報活用能力の定義であり、この能力を育成することが、情報教育のねらいと定められている。

情報活用能力や情報リテラシーなど、各国によって様々な取り組みや考え方があるが、今日のような情報社会の進展が激しい時代には、情報教育が大切になってくる。それは、誰も未来を予測できないからとも言える。これまでの多くの教科や教育は、すでに確立された内容を対象にするものであった。したがって教育内容は、学習指導要領で細部まで決められていた。しかし進展の激しい情報教育は、予測や内容を細部まで決めることが難しい。上記のような能力の育成が目標になって、課題に取り組むという形になった。

正解のない課題という表現は誤解を生じるかもしれない。情報の科学的な理解では、正解もあろう。しかし、この内容も、今後の情報科学や情報技術の進展によって、細部では変更が出てくる可能性が大きい。そもそもコンピュータ技術と通信技術が結びついたインターネットそのものが最近であり、携帯電話との融合については、さらに最近の技術である。また、情報活用の実践力では、1つの正解ではなく多様な方法があり得る。すべての課題が、オープンエンドと言ってもよい。そのプロセスを学習することが、目標とも言える。また、情報社会に参画する態度の学習では、すでに述べたように立場によって、多様な考え方がある。議論しながら論理的に追及していくプロセスが大切になる。

だから、正解がないという表現よりも、定式化できない課題に取り組むという表現の方が、正確かもしれない。数学の公式を使って問題を解くとか、自然法則にしたがって、物理の問題を解くとか、法律の規則にしたがって、現象を解釈するとか、表現形式にしたがって、文章を作成するなど、これまでの教科の枠組みと異なっていることが、むしろ情報教育の内容の特徴と言えよう。きちんと定式化されていない課題を対象にして、解決していく能力の育成を目指している。何故ならば、情報社会の進展が激しく、かつこの社会を生きていく上で、必須の能力と認識しているからである。社会生活を送る上で必須の能力をリテラシーと呼ぶが、情報活用能力の意味は、情報リテラシーの概念とも近い。現代社会に求められる課題から、要請された教育ともいえる。

練習問題 1

「情報活用能力を育成する情報教育と、これまでの教科指導を比較して、その違いを考察しなさい。そして、学習指導上の課題を述べなさい」

………解答は次のページ

解答1

情報教育のねらいの1つは、情報活用能力を育成することである。この情報活用能力は、どの教科においても育成する必要がある。例えば、社会科におけるグラフの読み取り、国語科における文章の理解、数学における数式の読み方、メディアそのものである映像からの読み取り、あるいは正しく人前で表現することなど、このような能力を考えると、コンピュータという限られたメディアだけではなく、広く情報を扱う能力や正しく情報を発信・受信する能力は、すべての教科において育成され必要とされるという基本的な考え方となっている。したがって情報教育は、すべての教科とクロスして行われ、クロスカリキュラムとして実施されることが望ましい。ただ、学習指導上では、教科担任の教員は教科の目標を念頭に置いているので、情報活用能力まで含めて指導することが難しいという課題がある。

応用問題1

「表計算ソフトを使って成績表を作るとして、どのような手順で行うか、実際に行って、その手順を図示しなさい。そこから手順と概念について、考察しなさい」

4.ICTの活用と教科としての情報

課題をベースにする学習

前項では、情報教育の内容について述べた。本項では、これを学習指導する方法について述べる。実際の指導では、いくつかのポイントや留意点がある。

例えば、「ICTを活用するスキルを習得するには、どうしたらいいか。子供は何故コンピュータの操作が速いのか。情報モラルは、どう指導したらいいのか」などの素朴な問いについて、考えてみよう。家庭にパソコンが入ってきて、子供も日常的に使うようになった。子供の興味はゲームである。驚くような速さで操作する光景は、信じがたいほどである。ある小学校で、放課後コンピュータ室をのぞくと、子供達がコンピュータに夢中になっている。ゲームはインストールしていないので、ゲームに夢中になっているのではない。後で子供に聞くと、インターネットに接続して、フリーウェアのゲームソフトをダウンロードして、ゲームをしようと思ったからだという。その学校の先生は、子供はゲームをしたいとか、何か面白いソフトがあると、夢中になって操作して、ほとんどの機能を習得してしまうと話した。これはよく耳にする話であり、今の子供のパソコン操作スキルには驚かされる。しかし、この事実は、情報教育の指導方法に生かされている。

それは、目標や課題が先にあるという、前項の指摘である。目標があれば、人は道具の使い方を覚える。子供は、ゲームをやりたい気持ちで、様々な操作をしながら、こうではないかと推測し、そしてその結果が直ちに表示されるので、それらの機能を覚えてしまう。ある研究が示すように、操作スキルは、練習量に比例する。したがって、情報教育におけるICTの活用は、課題をベースにするという考え方である。積み上げ方式ではなく、目標や課題に取り組みながら、概念やスキルを獲得するというスタイルである。例えば、大学の医学部では、この課題ベースの学習(Problem based learning,

PBLと呼ぶ）が実施されている。患者さんの本物のカルテを学生に渡して、様々な資料や文献を調べさせ、インタビューなどを通して、最後に何の病気かを判定して発表させるのである。これは第1章の知識の構造化で述べた。しかし、小中高等学校では、この試みは始まったばかりであり、それがどのような効果をもたらすかは、今後の研究課題でもある。

さてICTの活用は、様々な形態で実施される。以下、それぞれの形態における指導方法について述べる。

総合的な学習におけるICT活用

課題をベースにする学習（PBL）から考えれば、総合的な学習において、情報教育の目標が達成されやすいことが、納得できる。総合的な学習では、生徒が自ら課題を見つけ、解決するように、様々な活動をして、最後に成果を発表するというスタイルが一般的である。ちょうど卒業論文を作成するようなイメージである。この方法については第6章で扱うが、ここではどのようにICTを活用するかについて、述べる。

前項の情報活用の実践力において、家族旅行計画を例にして述べたので、イメージ的には理解されよう。例えば、福祉の例を取り挙げよう。中学生が福祉について調べることになり、福祉について話し合わせる。生徒達は、近所や自分の家族で、老人介護が厳しい状況にあるとか、新聞やTVニュースなどで、多少の知識があるので、様々な話題が出てくる。しかし知識がないと、話し合いは盛り上がらない。そこで、情報を集めることになる。情報の収集を実習する。新聞記事、インターネット、市役所への電話や広報誌、近所の人へのインタビューなどを通して、大きな課題になっていることを知る。しかし、新聞記事やインターネットや雑誌の記事でも、集めた情報について話し合うと、内容の信頼性が重要だということに気づく。ここで、情報の信頼性について、考察することになる。

そして、老人介護、自宅療養、遠隔介護、福祉施設、家族へのしわ寄せ、核家族と住宅事情、バリアフリー、厚生年金、税金の使われ方、延命処置のあり方、老人医学のあり方、福祉施設での仕事、日本の人口の年齢構成など、多岐にわたってお互いに関連しあっていることを知る。そこで、トピックスを分類して、グループで取り組むことになる。あるグループは、直接に老人介護の施設を訪問して、その事態を明らかにすると共に、介護の体験もする。あるグループは、市役所の福祉課に出かけて、税金や福祉サービスについて調べる。あるグループは、近所の老人や家族にインタビューして、老人問題と家族の関わりについての、実態調査をする。この場合、アポイントメントを事前にとらなければならないので、電話での受け答えなどの態度の学習もする。総合的な学習と言われるゆえんである。このようなグループ活動を通して、情報を収集したり、情報を分類したり、整理するという活動を行う。この整理の段階で、ワープロや表計算ソフトを使うこともある。

さらには、アンケートを実施して分析することもある。表計算ソフトを使って、統計についての知識もここで学ぶ。そして、発表会を行うことが多いが、そこでプレゼンテーションツールの使い方や、プレゼンテーションスキルについて学ぶ。このように、問題のとらえ方、情報の解釈の仕方、多様なものの見方、情報の収集から発信まで、実習を通して学ぶ。この過程に、情報活用能力が埋め込まれていることが、わかる。

上記のように、情報活用だけでない幅広いスキルの学習があるが、情報活用能力のねらいと、一致する活動が多い。したがって、総合的な学習と情報教育をクロスさせて、実施している学校も多い。

教科におけるICT活用

例えば、「中学校や高等学校の理科や社会科の授業でICTを使うには、どうすればいいだろうか」を考えてみよう。これは、先の総合的な学習より複雑である。その第1は、教科と情報教育の関わりである。第2は、情報環境の問題である。第3は、教員の情報スキルの問題である。第4は、教員の哲学や理念の問題である。これらについて、概略だけ述べよう。

第1の教科と情報教育の関わりであるが、それぞれの目標が異なるのである。教科には教科の目標があり、情報教育には情報活用という目標がある。しかし特に中学や高等学校では教科をベースにしてカリキュラムが編成されているので、情報活用を意識することはあまりなく、その教科の目標を達成することが主な目標になる。だから、ICTは道具であり目標にはならないことが、現実であろう。この立場ではICTは教科のねらいを達成するための道具だから、その役割は従来の教育機器とあまり変わらない。それでは、何故ICTに注目するのであろうか。それが問題になる。

第2の情報環境の問題は、コンピュータ室で教科の学習指導をするには無理があるという事実である。現実的にコンピュータ室まで生徒達を連れて、そこでディスプレイで隠れて生徒の顔が見えない環境では、不自然ということである。無理なICTの使い方は、定着しない。そこで、普通教室でのICT活用というスタイルになるが、そのスタイルは一斉指導形態であるから、コンピュータを1台設置しても、難しい。コンピュータ画面を大きく提示する必要が出てきて、プロジェクターを設置すれば良いことになる。プロジェクターがあれば、普通教室で教科指導の道具として、ICTを活用できる。しかしここにも問題がある。それでは、OHPやTVと変わらないではないかという、先と同じ問題が生じる。

第3の教員の情報スキルについて、考えてみよう。教員がICTを使うのは、不安であるという。当然なことで、誰でも同じ気持ちであろう。だからコンピュータ室での授業では、情報担当の教員と教科担当の教員とのチームティーチングという組み合わせで、実施されることも多い。何故不安になるかといえば、生徒達が勝手にコンピュータを操作して、動かなくなったりした時に、どう対応したらいいかがわからないからである。それは、生徒がコンピュータを操作するからで、教員が1人で使うには不安がないという当然の事実がある。それでは、コンピュータ室はどうするのだという声もあるが、中学校や高等学校では、「コンピュータと情報」、教科「情報」という教科の内容や、総合的な学習で使用できる。したがって、教科をベースにしたICTの活用は、普通教室における活用というスタイルに帰着される。普通教室であれば、コンピュータは教員自身のコンピュータかもしれないし、あるいはコンピュータは1台で主に教員が使用するので、情報スキルの問題は減少する。そこで、先の第2の問題が残る。

最後の、教員の哲学や理念の問題を考えよう。教科には理念があり、考え方がある。例えば、自然科学では実験を通して、自然の観察を通して、自然の仕組みの法則性を理解させるという目的があり、バーチャルな世界での擬似体験にはなじまないという考えがある。数学では、ノートに手書きで書きながら思考を深めるという考えがあり、画面上で疑似体験しても無理だという理念がある。社会科では、歴史でも地理でも様々な資料を読みながら、現象に横たわる要因間の関連性を見出すという考えがある。美術では、実際にデッザンするという活動を通すといった、目標がある。国語、音楽、体育など、およそすべての教科には、それぞれの目標があって、その目標を達成するためのICT活用だから、その理念や哲学と一致しなければ、ICTを活用しないのは当然である。このような教科の理念や教員の哲学とどのようにマッチすればいいのか、そこが問題になっている。

さて、上記のことを考えると、ICTの役割は何かという問題がある。それが従来の視聴覚機器と同じであれば、高価なICTを教室に持ち込む必要はない。この問いに対して定説はないので、筆者の考えを述べる。その1つは、リソースという考え方であり、他方はワークブックの活用である。ワークブックの活用については、次項の「ワークブック」で述べるが、バーチャルな活動と現実の活動のバランスをとるという考えである。

リソースとは何か、考えてみよう。教科書や副読本と同じ内容ならば、あえてICTを用いて学習する必要はない。これがコンピュータ室での個別学習であれば、普通教室でのICT活用と、基本的な考え方が異なる。しかし普通教室でのICT活用という枠組みでは、印刷媒体との質的な差異が要求される。それは、学習資源の違いではないだろうか。その学習資源は、教科書や学習指導要領という枠ではなく、広く世の中とか現実社会における資源(リソース)という意味である。

例えば、花の開花の様子を映像技術でスローモーションのように撮影した数十秒の動画があれば、それだけで大きなインパクトを生徒達に与える。それがインターネットなどで容易にアクセスできるとしたら、教員はダウンロードして教室で生徒達に見せるであろう。この情報は、学校の枠を超えて得られたことに注目したい。世の中には、多くの情報がある。ある国語の教員は、古典文字のページを見つけて、それを生徒達に提示して、教科書と比較させている。ある数学の教員は、寺院に飾ってある和算の写真のページを見せて、授業を行っている。またある数学の教員は、ピラミッドのページを見せて、三角関数の意味の導入授業を行っている。そのような教科であっても、それが切り離された知識だけでなく、この世の中の自然、社会、文化、人々の生活と関わっていて、その現実社会との関わりを意識することで、学習する意義を見出すのではないだろうか。テレビの番組が、生きた道徳の教材、生きた理科の教材、生きた社会科の教材になる場合も多い。外国人と日本人が、あるテーマで議論百出する光景は、現実の国際理解の教材である。科学番組は、優れた理科教育の教材になる。ICTを教科に持ち込む考え方は、世の中の生きた学習資源の提供と考えることができる。

教科「情報」における指導

教科「情報」の指導は、他の教科におけるICT活用の指導と異なっている。それは、情報そのものの教科だからである。教科とは言うまでもなく、基礎基本を教える。だから教科「情報」における基礎基本とは何かを明確にする必要があるが、これが難しい。何故ならば、先に述べたように、情報科学だけでなく、メディア論も、情報の表現の仕方も含んでいるからである。平易に述べれば、数学、物理、社会、国語、美術などのあらゆる教科をベースにした総合科学とも呼ぶべき内容がベースになっているからである。

その総合科学の基礎基本は何かと問われれば、答えることが難しい。しかし、実際にはそれが必要とされる。例えば、ホームページを作成するとしよう。わかりやすく見やすいホームページを作成するとすれば、配色、形の配置、リンクの構造などの知識が必要であろう。生徒の自由に任せればいいので、ホームページを作成する方法を習得すればいいのだという考え方は、ハウツーを教える教科になってしまう。教科の基礎基本は何かに、答えることができない。したがって、ホームページの作成という活動には、美術、国語などの基礎的な知識が必要とされるのである。しかし、これまでの教科の基礎基本と、教科「情報」の基礎基本との関連がわかりにくい。人に訴えやすいホームページの作成は、今日では重要な課題である。何故ならば、今日ではホームページが商品広告の重要な媒体になっているからである。しかしこの媒体によるホームページデザインは、始まったばかりであり、専門家は誰で何が基礎基本かが、明確にわかっているのではない。現在模索していると言える。

とすれば、誰が教えるのかという問題も生じる。これらの問題は、すべて先に述べた教科「情報」が総合科学をベースにしているという基本的な立場から生じている。ただし、このことは、教科「情報」が不適切と述べているのではなく、きわめて興味深い新しい分野の教科という認識なのである。だから、その内容も指導法も、模索していると言える。

平成25年から実施される教科「情報」は、「社会と情報」および「情報と科学」の2科目で構成されることになる。「社会と情報」は、情報技術が世の中でどのように使われているかを学ぶ内容であり、著作権、メディアと社会、インターネットが社会生活に与える影響などを取り上げる。一方、「情報と科学」では、いわゆるコンピュータサイエンスの科学的、技術的な内容を扱う。

5. 授業におけるICT活用の特徴

操作スキル

まずは、生徒達がコンピュータを操作できなければ、授業が成立しない。そのためには、課題をベースにすることが必要である。また、練習量に比例することなどを述べた。このことは、生徒達に操作スキルの差を生じさせる。それは、何故であろうか。現在では、かなりの家庭にコンピュータがあり、インターネットが接続されている。コンピュータやインターネットを利用する目的は、何であろうか。コンピュータ操作を覚える目的だと答える生徒は、いないだろう。ゲームをしたいから、電子メールで交流したいから、インターネットで飛行機の予約をしたいからというように、目的があって利用する。この目的が、課題をベースという意味である。そして、試行錯誤しながら、わからない時には誰かに聞きながら、操作スキルを獲得していくというプロセスになる。そこで、家庭でのコンピュータ活用の頻度は、操作スキルの要因の１つになる。そこでは、何か目的があること、相談相手がいることなどが、影響を与える要素になる。

したがって、家庭環境が操作スキルの格差を生じ、やがて情報を活用するスキルの差、つまりデジタルデバイドにつながっていく。デジタルデバイドは、家庭環境に依存するが、さらに大きな枠組みで考えれば、家庭間の収入の格差、家庭の両親の情報に対する態度、都市間における情報インフラの整備の格差、国際間の情報インフラ整備や情報社会への政策の格差などに依存することは、いくつかの報告書が指摘している。例えば、家庭の収入が安定していないと、プロバイダへの支払いができない。両親が、ゲームや有害情報の悪印象を心配すると、子供をコンピュータに触れさせない。大都市であれば、大容量の通信環境が整備されているが、地域によっては整備が遅れている。このように、情報格差が生じて、それが大きな問題と認識されてきた。学校教育は、公教育という立場から、格差を生じないような条件整備が必要になり、学校の情報化が求められるようになった。
学校では、教員のコンピュータに対する態度が影響を与えるという報告がある。教員がコンピュータに対して肯定的な態度を持っていると、そのクラスの生徒達のコンピュータ操作スキルは、一般的に向上しているという。肯定的な態度を持っていると、コンピュータ室に生徒達を連れていく頻度が多くなり、生徒達は、コンピュータに触れるチャンスが増えて、操作スキルが向上するという関係である。しかし、操作スキルはICT活用の必要条件であって、十分条件ではない。つまり、操作スキルがあるから、優れた授業ができるわけではない。教科の目標を達成するためには、授業そのものの教員の力量に依存することは、言うまでもない。

相互学習

コンピュータを使った授業は、相互学習が自然に発生する。この学習形態は、興味深い。何故、自然に教えあいが発生するのだろうか。コンピュータ室で隣に座って操作している姿を想像してみよう。もしわからなくなったら、マニュアルを読むより、隣の生徒に聞いた方が早いと、誰でも感じるだろう。操作だけではない。レポートを作成するとか、表計算で計算するとか、コンピュータ画面に向かって活動をしていると、何かにつまずくと隣に聞きたくなる。相談をしたくなる。グループで課題を追求していると、何か打ち合わせをしたくなる。それは、学習しているというよりも、仕事をしているという感覚である。確かに仕事をする姿とは、じっと本を読むとか、黙って人の話を聞いているというよりも、何か打ち合わせをしたり、電話で連絡をしたりというイメージが強い。それは、個人の活動というよりも共同の活動と表現する方が合っている。共同で活動すること、それは仕事の特徴といえる。単独でする仕事は、ほとんどない。作家とか作曲などの限られた分野の仕事は、確かに1人の活動と考えられるが、しかし編集者とか出版社との関係で、仕事をしているのであって、山中に籠もった孤独な活動ではない。そうでなければ、良い仕事はできない。このような創作活動を行う専門家も、編集者も相互に学習して、質を高めているのではないだろうか。研究者も同じで、学会という組織があることを考えれば、何らかの相互学習をしている。学会に参加して、他人の発表を聞いて、ヒントを得たり、自分との違いを発見したり、相手と競争したり、協調したりという、相互に学習するので、研究が進展することになる。

以上のように考えると、世の中では個別学習よりも相互学習の方が、普通の形態であって、個別学習はむしろ異例の形態と言える。学校教育だけが個別学習を強調するのは、それは何か特別な意味があるからと言える。しかし、コンピュータ室で自然に会話が生まれ、相互に教えあう姿は、普通教室における学習の概念よりも、むしろ仕事や世の中における仕事の概念に近いことは、納得されるであろう。

それでは、仕事は学習なのかという疑問も生じる。仕事を通して、技能や知識を獲得するというプロセスについては、第1章の状況論的学習で述べた。それは、学習なのである。実際、生徒達のコンピュータの操作スキルは、相互に学びあう方が効果的であることは、経験的にも知っている。あるコンピュータプログラミングの獲得の研究があって、その能力や知識の源は、エンジニアが仕事の合間に休憩室でコーヒーを飲みながら談話する井戸端会議であるという研究がある。井戸端会議で、こんなうまい手を見つけたと、エンジニアが自慢そうに話す内容に、価値ある知識や本質的な意味が含まれていて、それでプログラム技術を向上させているという報告であった。それが、相互学習である。情報教育における特徴の1つは、この相互学習を生かすことであろう。それは、教室におけるこれまでの学習や授業という概念を、少し離れた角度から見直すことであり、状況的な学習の考え方を取り入れることでもある。

調べ学習

コンピュータ室での活動の特徴の１つに、調べ学習がある。社会科でも総合的な学習でも、生徒達が調べるという活動が重視されている。調べるには、資料が必要で、図書室やコンピュータ室で、本やインターネット、CD-ROMやDVDを用いて、調べるという活動を行う。しかし、ここに問題がある。例えば、インターネットを用いた調べ学習では、時間がかかるという問題である。インターネットの検索サイトで、検索語を入力して、ヒットしたページを見て、自分の調べたい内容であれば、これを保存するなどの方法で調べている。しかし、まず検索するための用語が不適切で、なかなかヒットしない、ヒットしたページが目的の内容であるか判断しにくい、ページの構造を理解しにくい、ネットサーフィンで遊んでしまうなどのために、時間がかかるのである。

このような問題を、どう解決すればいいのだろうか。どうしてこのような問題が生じるのであろうか。これは、第1章で述べた知識構造に関連しているのである。例えば、コンピュータの初心者が、本屋のコンピュータコーナーに行って、どの書籍を選ぶだろうか。知識が無ければ、まずどの本を購入すべきかが、わからないはずである。本のタイトルを見ても、判断できない。例えば、ハードディスクの管理、サーバーの管理、インターネットの仕組み、通信の仕組み、プログラミングの知識、OSの仕組み、ワープロの操作、などの本のタイトルがあって、電子メールの使い方を調べたいと思って書籍のタイトルを見ても、判断できないであろう。電子メールの使い方は、ソフトウェアに関することで、ハードウェアの仕組みとは別であること、インターネットに接続して使うなら、インターネットの仕組みは関連するかもしれないが、通信の基礎までは必要ない、さらにLANに関する内容は関連がない、ましてプログラムの知識は必要ない、などの何が何と関連しているかという構造的な知識がないと、まるで見知らぬ国に行って、ただ見ているだけという光景に似ている。本の表紙のきれいさや、やさしそうなタイトルなど、表層的な情報だけで判断して、どうしても探す本が見つからないという状況になってくる。同じように、調べ学習で、どのようにして目的のページを探せるかは、操作スキルの問題ではなく、知識構造の問題だという結論になる。

それでは、知っている分野だけを適切に検索できるのであれば、知らないから検索して調べるという趣旨と矛盾することになる。確かに、大人であっても、例えば医学分野など、まったく知識のない内容のページを探すとすれば、同じであろう。どうしたら、いいのであろうか。このような例は、シンクタンクのような知識産業で働く専門家の方法が参考になる。彼らは、専門でない分野について、調査し、分析し、提案することを専門にしている。そこでの方法は、まず手当たり次第に、関連する知識を吸収するという。そうして、次第に知識が関連付けられて、少しずつその分野の特徴や問題点が見えてくる。それから、専門家を訪問調査するという。いきなり専門家を訪問しても、質問すらできないからだという。

以上のように考えると、検索とは操作スキルの問題ではなく、関連する知識の問題であることがわかる。しかし手当たり次第に検索して知識を吸収するやり方は、時間がかかりすぎて実用的でない。そこで、リンク集を活用する方法が用いられる。リンク集とは、関連する知識をリンクという関係で表示している。そのリンクは、専門家が作成したので、その専門家の知識が反映されている。つまりリンク集を探索することによって、その分野の知識が、ある程度構造化されるようになる。しかし、現実的にはリンク集だけでは、生徒達は、飽きるという単純な事実がある。そこで、ある程度リンク集で探索したら、次は自由な検索語を入力して、関連するページを探すという方法を用いる。さらに、教員の助言がきわめて大切になる。何故なら、教員は内容の専門家であるから、適切なアドバイスができるからである。すべてを生徒の自主性に任せてという考え方は、この場合には通用しない。専門家の助言がないと、時間ばかりを浪費する結果になる。

また、デジタルコンテンツの整備も、重要になろう。広い松林の中でマツタケを探すように、試行錯誤の時間がかかる。この付近の松林は保護地区になっていて、マツタケを採取することが了解されているという状況で始める方が、現実的にはやりやすい。自由に探索させることも大切だが、授業時間は限られていることなどの、現実的な状況を考慮しなければならない。

ワークブック

シンガポールは、IEA（国際教育到達度評価学会）という機関が実施する数学・理科の国際学力比較の調査（TIMSS）で、常にトップを維持している国として(1999年～2007年の調査)、よく知られている。我が国も5位以内に入っているが、最も指摘されることは、数学や理科が好きか嫌いかと聞かれると、我が国は、嫌いという割合が参加国中最も高いグループにランクされていることである。成績はいいが、喜んで勉強していないという実態がよく問題にされる。筆者は、シンガポールと香港の小中高等学校を訪問調査したことがある。その体験を報告したい。

シンガポールはよく知られているように、ICTの教育利用では世界のトップである。教育利用のみならず、ICTの普及も国の政策によって強力に推進されている。そこで、いかにICTを授業の中で活用しているのか、そしてそれが国際学力比較にも反映されている秘訣を知りたかったからである。それは、ワークブックの利用にあった。ワークブックを生徒達に配布する。そのワークブックは、CD-ROMやDVDの教材と連携されていて、映像や説明や資料は、CD-ROMやDVDで、問題や演習はワークブックに記載されている。ここがポイントになっている。普通教室でプロジェクタで投影して授業を行うとすれば、それは視聴覚機器と同じではないかという疑問を先に述べ、リソースとワークブックがポイントであるという筆者の考えを述べた。

プロジェクタを利用して授業を行うと、生徒達はスクリーンを見ているだけという状態が続く。単純な事実であるが、見ているだけでノートしなくなったら、知識は定着しない。これは、誰でも経験している。生徒達の活動を伴わないからである。すべての教科をこのスタイルで実施したら、生徒達は居眠りをしてしまうであろう。活動が禁止されているに等しいからである。学会などの専門家が集まって、きわめて限られた時間で発表し、議論するという条件では、プロジェクタによる形態は有効であるが、一般の学校には適用できない。だから、どうしてもワークブックが必要になる。そのワークブックは、スクリーンに投影されている内容とリンクされていて、スクリーンに投影されている内容を視聴しなければ、ワークブックに回答できないようになっていれば、なお効果的である。シンガポールにおける小中学校の実際の授業は、そうであった。

それは単純な方法と思われるが、視聴することと書くことを連携させる方法が、現実的な使い方であろう。それは、見るだけとは違った、高い学習効果をもたらす。生徒達は、ワークブックの問題を始めに読み、教員が説明する。つまり、生徒達に始めに問題意識を持たせる。それは、課題をベースにした学習(PBL)の考え方に近い。問題意識があって、資料や映像を見て、入ってくる情報が問題とリンクされる。だから情報が活性化され、相互に関連付けられる。問題を中心にして、情報や知識が構造化される。

そして、もう一度確認したいとか、もう一度ある内容を見たい時に、デジタル情報はきわめて効果的に機能する。ビデオテープと違って、ランダムアクセスできるからである。一斉授業におけるICTの活用は、さらに学習意欲にも効果的である。学習意欲をいかに高めるかは、難しい。課題を解決するために、ワークブックに書き込み、思考する。頭の中で、ちょうど迷路の道を見つけるように、めまぐるしく思考が回転している。それが、学習意欲につながる。もう一度先の画面を見せてほしいと、子供達が教員に注文する光景も見られる。学習意欲を高める実践的な方法は多様にあるが、課題を解決するためのICTの活用も、その1つであろう。

ICTという情報環境と、鉛筆でワークブックに書き込むという両方の活動が伴って、学習効果は高まるのではないか。バーチャルだけや手書きだけでは、うまく機能しないと言える。

練習問題 2 「教育指導上でICTを活用するには、多くの課題がある。その課題をリストアップしなさい」

………解答は次のページ

解答2

授業においてICTを活用するには、いくつかの課題がある。少なくともコンピュータやインターネット等を使うスキルが必要であり、また準備に時間がかかるという課題もある。教材を用意し、プロジェクタがきちんと接続されて繋がるかどうかを確認し、インターネットを使用する場合には接続状況がどうなのか、検索時に教育上危険なサイトにアクセスすることがないかなど、事前の準備に大変に時間がかかる。さらに、教員が、うまくいかなかったらどうしようという心配や不安が障害となる。紙や他の教材であれば比較的慣れているため、そのような不安はないが、特にICT系の道具を使う時、コンピュータがストップするような様々なトラブルが想定され、不安を覚えるという場合もある。さらに、本書にも書いた通り、自分の教育理念と合うかどうかが課題になる。実物教育や、手作業で学習させた方が良いのではないかという教育理念との関連が課題となる。

応用問題2

「ある教科のある単元を想定して、どのような場面でICTを利用するか、指導案を書きなさい」

5章
教育方法の改善

教育工学の研究は、コンピュータだけを対象にしているわけではない、かなり以前から、授業そのものを研究対象にしてきた。授業分析とか授業研究と呼ばれる研究であるが、その目的は教育方法の改善にある。本章では、その授業の改善方法について述べる。

1. 学習における方略

留学生の日本語能力の差

留学生は、どのようにして日本語を覚えていくのだろうか。あるいは、私達が英語をどのように覚えていくのだろうか、考えてみよう。それは、学習する年齢にも関連することは、当然に予想される。例えば、筆者の研究室にインドから来た大学の先生が3年間滞在した。子供も連れてきていて、来日した時は小学校2年生くらいであった。研究室に毎日夕方になると顔を見せていたが、見る間に日本語が上達し、1年後には日本の子供と変わらないような会話をしていた。一方母親であるインドの大学の先生は、なかなか日本語が上達しなかった。何故年齢と関係があるのだろうか、それは言語研究の知見が必要であるが、母語と第二言語が関連することも、容易に推測できる。

日本の大学に留学している学生を対象にして、谷口すみ子・赤堀侃司らは、日本語の語彙について調査研究した。この方法は簡便な方法で、何か思いついた単語を模造紙に書き、その単語から連想される別の単語を次々に書いていき、単語間を線で結ぶというものである。すると、いくつかの単語のグループができあがるが、その際にはグループを線で囲んで、どのような種類のグループであるか名前を付けるように依頼しておく。さらに、この作業の後で、単語の連想の手がかりについて、インタビューを行い、その後、日本語の専門家が分析するという簡便な方法である。

その分析の方法は、始めにインタビューを参考にしながら、単語間の関連をカテゴリーに分類する。多様なカテゴリーが出てくるが、大きな分類は、エピソードと意味の違いであった。エピソードとは、何か個人の経験をベースにしている内容で、パーティーでの出来事、留学生同士の旅行などである。これに対して意味とは、家族と父や母などの上位下位などの意味的な概念、家と宅といった類似語や、多い少ないといった反意語などを示す。このようにして、単語間の線を結んだ単語の関連を分類し、留学生の判断したグループをこのカテゴリーで分類して、日本語の能力、つまり初級者と中級者を比較した。その結果、どんな違いが得られたであろうか。

初級者が描くグループは、エピソードに関する内容が多く、中級者では少ない。逆に、初級者は、意味を記述したグループ数は少ないが、中級者では多かった。これは、何を物語っているのだろうか。初級者はまだ日本語が十分でないこと、中級者はかなり日本語に慣れていることを考えれば、エピソードと意味は異なることが推測できる。そこで、この違いを述べているタルビング(Tulving、E.)の研究について、述べよう。

エピソードと意味の違い

タルビングは、かなり前に、人の記憶には、エピソード記憶と意味記憶があると述べて、その違いについて言及している。この記憶の違いについては、研究者の中で支持する人と反対する人がいるが、ともかく興味深い主張である。タルビングは、エピソード記憶は、個人的な体験に基づく経験による記憶であり、感覚であり、エピソードが単位になっており、時間的な順序で記憶しており、自分にとっての意味ある内容であり、個人的な信念に基づく記憶だと言う。これに対して意味記憶は、感覚というより、理解であり、エピソードに対して、事実・概念であり、時間的な順序というよりも、上位・下位といった概念としての構造を持っており、自分にとってというより、世界全体にとっての意味であり、個人的な信念というより、社会全体で認められている内容だと、その違いを詳細に分析している。

研究者によって様々な議論はあり、それらが完全に異なった記憶システムかどうかはわからないが、エピソードをベースにした記憶と、意味をベースにした記憶が存在することは、確かであろう。そうだとすれば、先の初心者はエピソードに関する内容を多く思い出し、中級者は意味に関する内容を多く思い出すという事実は、どう考えれば良いのであろうか。たぶん、初級者は日本語が未熟であるから、身近な日常生活の体験から覚えた単語を連想し、中級者はすでに日本語の概念が出来上がっているので、意味記憶が優先されて連想したのであろうか。あるいは、大胆に推測すれば、始めはエピソードが記憶され、日本語能力が上達するにつれて、そのエピソード記憶が意味記憶に変化していくとも考えられる。しかし、それは実証されていないので何とも言えない。

ここで述べたいことは、初心者と熟達者には、覚え方に違いがあるという事実である。それは、指導法にも影響を与える。身近な事例を元に、あるいはエピソードを元に解説をして、最後にその意味や概念を述べるという方法は、小学校などの授業展開で見られる方法である。専門家でない聴衆を相手にした講演会などでも、この事例から結論へという帰納的な方法は、よく用いられる。一方、専門家の集団である学会などでの発表は、時間が限られているという制約もあるが、結論や概念を中心にプレゼンテーションすることが多い。演繹的な展開とも言える。このように、初心者を対象にした時の話し方と、専門家を対象にした時の話し方が異なるのは、エピソード記憶と意味記憶の違いを、暗黙的に知っているからかもしれない。

数学の成績の差

初心者と熟達者には、他にどのような違いがあるだろうか。先に述べた意味記憶の構造が異なるという、よく知られた研究がある。チィ(Chi、M.T.H)・フェルトビッティ(Feltovich、P.J.)らの物理の問題で斜面についての初心者と熟達者の記憶構造の違いや、シーグラー(Siegler、R.S.)らの生き物についての、子供と大人の意味記憶構造の違いなどである。その詳細は省略するが、いずれも初心者と専門家では、認知構造が異なるという結果である。初心者は、現象を表面的にしかとらえないが、専門家は法則や概念をベースにして認識しているという違いである。上記の留学生における日本語の記憶の違いも、同じような結果を示していることが、興味深い。

上記と少し別の角度の研究で、寺尾敦・市川伸一・楠見孝らによる数学の成績の差を分析した研究がある。それは、数学の問題を高校生に解かせてその誤りにどう対応するか、その対応の仕方の違いと成績との相関を調べた研究で、興味深いので紹介しよう。

高等学校で成績上位クラスと下位クラスに、同じ数学の問題を提示して解かせる、わかりやすい実験計画である。その問題とは数学の文章題で、これもよく知られていて、かつ正答率の低い問題が選ばれた。例として、追いつき問題がある。A、B、Cの速度の異なる3人が池の周りを走って、追いつくという設定で、未知数を求める問題である。あるいは、食塩水の問題では、濃度の異なる食塩水を混ぜ合わせて得られた濃度から、未知数を求める問題などである。このように、問題の構造を理解していれば解ける問題を、上記の2つのグループに提示して解かせるのであるが、成績上位クラスの方が、下位クラスよりも、正解率が高いことは当然である。しかし当然ながら、成績上位クラスにも、誤答する生徒がいる。この研究の面白いところは、この誤答に対する生徒達の対応の仕方に注目したことであった。

成績上位クラスと下位クラスでは、この誤りに対する対応の仕方に差があると考えたのである。そこで、何故誤ったのか、その理由を自由記述で書かせて、その内容を分析した。その結果を複数の数学の専門教師が、記述内容を有効か無効かで判定して、これを得点化し両クラスを比較した。その結果、成績上位クラスの方が、下位クラスより有効な記述が有意に多かった。有効な記述とは、例えば、変数の使い方、等号の使い方、図示の仕方、未知数の与え方などであり、無効な記述とは、昔ならできた、文章題は苦手だ、やる気がなかった、などである。このように、上位クラスは、誤りから今後の問題解決に役立つ記述をしていたという結果である。それは当然の結果と思うかもしれないが、この視点は興味深い。何故なら、これまでは正解だけに注目していて、誤りに注目しなかった。どうしたら、正解にたどり着けるかも重要であるが、何故誤るのかを自分で分析する能力はさらに重要である。人は誤る生き物である。どんな人も、これまで多くの誤りを体験しているに違いない。その誤りにどう対応するかが、その後に生じてくる問題への対応を規定するからである。市川伸一は、これを教訓帰納と呼んで、問題を解いて何が解ったかという抽象化されたルールを作ることが、重要だと述べている。それは、問題解決の場面では、後で何らかの意味で類似した問題に出会った時に、先行する問題での学習経験が効果をもつこと、すなわち学習の転移が期待されるからである。

それは、ある意味では、自分を見つめる能力とも言える。自分が何故誤ったのか、これを教訓にしてその後に対応すれば、なんとか乗り越えられる可能性がある。それは、過去の誤りを思い出し、あの時はこうすれば良かったというルールを思い出すからであろう。この場合、ルールとは方略と言い換えてもいい。あるいは、自分の知識についての認識という意味から、メタ認知と呼んでもいいが、このような一段上から自分を見つめ直す認識や知識の差が、成績に関連している。チィらは、自己説明の概念で、これを説明している。成績上位者は、何故このような解き方をしたかを、自分で説明できるという。自分で自分を見直す能力の差は、初心者と熟達者の違いの1つと言える。

知識と方略の関係

先に述べたように、知識やスキルを扱う知識として、方略という用語を用いた。教育工学では初期のころから、方略、方策という用語が用いられてきた。語源は、戦略、戦術であるが、語感がよくないので、"strategy"、"tactics"の訳語として、方略、方策を用いた。語源はともかく、その意味するところは、何であろうか。

例えば、先の留学生の日本語会話能力について考えてみよう。ここでは、日本語を用いてコミュニケーションをするという状況を設定する。日本語が不得手な留学生は、日本人とどのようにしてコミュニケーションを図ろうとするのであろうか。それは、英語が苦手な日本人が、どのようにして自分の意思を相手に伝えようとするかを思い出しても、同じである。知っている語彙は限られている。とすれば、その限られた語彙を最大限に生かし、かつ不足している語彙は、なんらかの手段で補足しようと試みるであろう。そこに、知識をどう扱うかという方略が、出現することになる。

この場合の方略は、コミュニケーション方略である。例えば、フェルティ(Faerch、C.)・カスパー(Kasper、G.)や金シミン・赤堀侃司らの分類では、母語と第二言語を入れ替える、他のやさしい言葉に置き換える、相手に繰り返して聞き直す、非言語行動を用いるなど、十以上のカテゴリーに分類している。さて問題は、コミュニケーション方略は、どのように獲得され、どのように変化するか、それは語彙の量とどのような関連になっているか、などを明らかにすることである。言語一般について明らかにすることは困難であるので、ここでは金・赤堀の、来日して間もない韓国語を母語とする人の、日本語の語彙と方略の獲得についての研究を述べる。この研究では、一年間の継続観察と会話の記録を分析したものである。

まず方略には、コミュニケーションを成功させる方略と、成功しにくい方略があることを明らかにしている。このことは、日本語能力のレベルに依存するので、レベルに応じた、実行しやすい方略を選択している。一般の学習でも、容易な方略と難しい方略がある。学習者は、それぞれの特性に応じて、選択している。

語彙と方略との関連が、興味深い。言語知識を豊富に持っている学習者は、あまり方略を使わない。つまり、方略を使わなくても、語彙も文法も知っているので、コミュニケーションができる。言語知識をほとんどもたない学習者は、方略を使ってもコミュニケーションは成功しない。つまり、語彙そのものの量が不足しているので、方略が有効に働かない。最も方略を有効に使ったのは、ある程度の日本語の言語知識を持っている学習者であった。つまり、語彙や文法知識が欠けているが、そこを方略でカバーすることによって、コミュニケーションを成功させている。有効かどうかは、コミュニケーションが成立したかどうかで測定している。このことを、一年間の観察で、明らかにした。来日間もない時には、語彙も文法も知らないから、方略を使っても成功しない。つまりコミュニケーションできない。ある程度の日本語の語彙や文法的知識を学習した時期では、方略を用いてうまくコミュニケーションを成功させることができる。しかし、日本語が上達すると、もはや通じる日本語で会話することができるので、方略をあまり用いることが少なくなったと解釈できる。

以上のように、言語知識と方略の関係は、持ちつ持たれつという関係で、車の両輪のように補完し合っている。このことは、一般の学習にも適用できる場合もある。例えば、総合的な学習を考えてみよう。この学習では、方略が重要な役割を果たす。あるトピックスについて調べて、報告するとしよう。まずその調べ方であるが、調べ方の方略を知らないと、どうしようもない。例えば、福祉について調べる場合、福祉についての知識が皆無であれば、調べようがない。たとえインターネットの検索について慣れていたとしても、適切な検索語が思いつかない。また福祉について専門家であれば、直ちに適切な参考書や施設や論文などが、調べる前に見当がつくであろう。つまり方略は必要なくなる。したがって、始めに福祉についてある程度の知識を蓄えて、その上で関連する知識や情報を調べるという順序になるであろう。このように、調べ方という方略は、その分野の知識そのものと関連し合っている。この関係については、第4章の「調べ学習」でも述べた。

知識と方略の関係は、教育界では「内容知」と「方法知」と呼ばれることもある。内容の学習と同時に、方法についても学ぶという目的が総合的な学習のねらいにある。しかし、方法だけを切り離して学習することは、難しいのではないだろうか。先の研究からわかるように、内容と方法は、車の両輪のように行き来しているから、両者が関連しあって有機的に働くのでやはり不可分ではないだろうか。

初心者と熟達者では、その方略の質が異なることは、数学の問題解決で指摘した。成績の上位グループは、後の学習にも転移しやすい有効な方略を獲得していた。日本語のコミュニケーション方略でも類似な傾向があり、すべての方略が同じレベルで用いられるわけではなく、高次の方略とそうでない方略がある。このように考えると、初心者と熟達者には、知識そのものの質的な差と、方略の質的な差の両方があることがわかる。

問題を把握する

総合的な学習などの実践では、課題を見つける、情報を収集する、情報を整理する、重要な情報を見つける、疑問点を追求する、情報をまとめる、レポートに書くなどの順序で実施されることが多い。ここで注目されるのは、このようなプロセスにおける方略である。そのいくつかを述べる。

問題を把握する段階では、どうであろうか。因数分解の学習ソフトを開発して調べた筆者らの問題解決の研究を紹介する。因数分解の問題が画面に提示される。この画面にウインドウがあって、括弧でくくる、共通因子を前に出す、ある公式を適用するなどの解法が表示されていて、ある解法をクリックすると、その画面上の問題に、自動的に解法が適用されて、問題の解が少しずつ示されるというソフトである。このようなソフトを開発して、実験を行った。因数分解を学習している高校生を対象にして、どの解法をどのような順序で適用するかを、調べたのである。因数分解の問題が解けた生徒と解けなかった生徒の間に、どのような解法の手順の差があるかを、明らかにすることが目的であった。

ここで、解法を選ぶとは、生徒達の解法の方略を表現している。つまりどのように解を導くかは、解法の選択の履歴としてコンピュータにすべて記録されるから、その履歴を分析すれば、方略を知ることができる。そして、その結果はどうであったか。

解法の順序に有意な差はなかったが、問題を画面に提示して、解法のボタンをクリックするまでの時間に差があった。問題を解けたグループは、解けなかったグループよりも、多くの時間を要していた。つまり、じっと問題を見ていたのである。生徒達にインタビューすると、どんなタイプの問題かを考えていたという。それは、問題を把握している状態を示唆している。どんな問題かを把握することから、次の方略が決まってくる。このことから、問題把握の方略は重要である。しかし、先の日本語の事例で述べたように、内容を良く知っている生徒は、直ちに問題の解を求めることができるので、その時間は短く、またほとんど知識のない生徒は、あまり問題を吟味しないで、試行錯誤的に解き始めるので、その時間は短い。かくして、問題把握の方略と知識の量の関係も、日本語の学習と同じような関係にあることがわかる。

重要な情報を選択する

コンピュータプログラムをトレースする研究がある。この意味は、コンピュータプログラムのリストを与えて、初心者と熟達者にどのような個所を読むかを、アイカメラで記録する、という実験である。あるいは、同じアイカメラを用いて、新人の教師とベテランの教師の視点移動を記録して、分析する研究がある。さらに、文章を提示して、どのような個所を読んでいるかを記録する実験もある。

コンピュータプログラムの実験と文章の読解の実験はよく類似しており、その結果も同じである。それは、初心者の読み方は、始めから終わりまで、直線的に読んでいく。そして繰り返す時も、同様に始めから終わりまでを直線的に読んでいく。これに対して、熟達者は、始めは初心者と同じであるが、2回目からは、拾い読みするのである。重要な情報だけを拾い読みして、全体を把握しようとする。この文章はどのような流れで、どのような構成になっているかを、把握しようとしている。コンピュータプログラムの場合も同様に、ポイントとなる個所を拾い読みして、全体の構造を把握しようとしていた。これから、いかに重要な個所を選択して、全体の構造を把握するかが、重要であることがわかる。この方略が、初心者と熟達者では違うのである。アイカメラを用いた分析では、ベテラン教師の目配りは全体を眺めるが、新人の場合は局所的であった。同じような実験は、車のドライバーの視点移動でも、報告されている。

かくして、いかに重要な情報を選択する方略をもっているかが、初心者と熟達者の違いであることがわかる。しかし、問題はある。何が重要であるかがわからないから、初心者なのだと反論されるかもしれない。何が重要で何が重要でないかを理解できれば、それは初心者ではないとも言える。とすれば、何がわからないかを知っているから質問できるので、本当に知らなければ質問ができないという経験則は、真実を語っているかもしれない。質問が出ないと嘆く教師も多いが、質問が出るという授業や講演は、わかりやすい内容で、生徒や受講生に何が重要であるかが伝わっていると解釈できるであろう。先に述べた数学の誤りから学ぶ研究では、誤りから重要な情報が何であるかを知っているから、成績が良いグループとも言える。これも、車の両輪のように、知識と方略は関連しあっている。

全体を見通す

ある文章の段落を切り離してカードにして、元の全体の文章はどんな順序であったかを推論して並び替える問題解決の過程を調べた、藤谷哲・赤堀侃司の研究を紹介しよう。これらのカードをＷｅｂ上に配置して、大阪大学と東京工業大学の学生がチャットで会話しながら、解を求めるという協同学習の研究であった。その分析は、チャットのログ（記録）をカテゴリーに分類して行った。チャットとは会話であるから、談話分析の手法を適用することになる。結果として、正解にたどり着いたグループと、正解に至らなかったグループでは、全体の流れに注目したかどうかが、有意な差であった。つまり、個々のカードのつながりを見るのではなく、全体の流れから判断しているかどうかが、分かれ目であった。この結果は、先の重要な情報に注目して、全体の構造を把握する方略と類似している。

会議などの司会者は、常に全体を見ている。全体を見ながら、発言の流れを制御している。だから、全体としてまとまってくる。全体を見通す方略は、初心者では難しい。司会者とか座長に、経験豊富な熟達者を指名するのは、この全体を見通すという方略に期待しているからであろう。総合的な学習では、生徒達が教師に相談することが多い。そこでの教師のアドバイスは、個々の内容もさることながら、全体を見通すアドバイスである。生徒も全体の流れを見通すように、アドバイスされることによって、生徒が追求すべき方向が見えてくる。これは、大学における卒業研究の指導でも、まったく同じである。全体を見通せるから、専門家と言える。個々の知識は、生徒自身が調べたり追究することによって、得られるが、全体を見通すことは難しい。

以上のように、初心者と熟達者や専門家の知識や方略の違いについて述べたが、それではどうしたら、その方略を習得することができるかというのが課題になる。これについて、次に述べる。

練習問題1

「企業への就職活動では、面接も重要な要素と言われている。面接ではどのように受け答えすればいいのか、またどのように指導すればいいのか、知識と方略の観点から述べよ」

………解答は次のページ

解答１

面接は、企業での就職活動のみならず教員採用試験を含め、あらゆる試験において最も重要な要素である。面接の受け答えには様々な方法があるが、本書の文脈から述べれば、まずは相手の言うことを的確に聞くことである。何を求めているのか、それをきちんと聞いて、それに正しく正確に答えることが必要とされる。別の観点で答えたりすると、この人は情報を正しく受け取っていないという判断を下され、評価が低くなる。さらに、自分の経験を含めて話すことが重要である。自分の経験という記憶は、脳のどこかにエピソードとして蓄えられている。知識として文献で覚えた内容と違い、本人のいわば生き生きとした考えが表現され、相手の心に響きやすい。そのようなエピソードを用意しておくことも、重要である。加えて、熱意であるとか誠実さという、言葉の間から感じられる印象や存在感（プレゼンス）が重要である。私達は表面に現れた言葉だけで、その人を評価しているのではなく、その人からにじみ出る人柄や感情のようなものも、評価材料としている。そのような総合的な試験が、面接である。

応用問題１

「あなたが、ある企業の面接を受けるとして、自己PRをする時、エピソードを交えて、紹介文を作りなさい。企業の職種は、自由に決めてください」

2. 方略の学習

どうしたら、方略を習得することができるのか、アッシュマン（Ashman、A.F.）らの文献を参照して、いくつかの研究を紹介しよう。

直接教授

パリス（Paris、S.G.）とウイノグラード（Winograd、P.）らの文献では、方略を直接に教えるという方法を紹介している。まず、方略とは何かを説明し、何故方略を獲得する必要があるかを述べる。つまり、方略のメリットを生徒達に伝える。どのように方略を使うかを、説明する。また、いつどこで方略を使うかを述べる。最後に、その方略が有効であったかどうかを評価する方法について、述べる。このように直接に方略を教える。その長所短所についても説明しているが、それは実際の場面を前にして教える方が、効果的であろう。何故なら、先に述べたように、知識と方略は結びついているからである。

例えば、総合的な学習で調べたレポートの書き方について、生徒達に教えるとしよう。その場合には、実際のレポートのサンプルがあると、伝わりやすい。例えば、まずタイトルのつけ方は、どんなことに注意したらいいか、目次の書き方では、どの程度の章立てが妥当であるか、本文の構成は、目的、方法、調査、データ、結果、考察、参考文献など、研究報告のスタイルを参考にした書き方を提示する、目的では、調べようと思った動機、この調査の背景などを書く、方法では調べ方としてインターネットを用いたのか、図書で調べたのか、インタビューで調べたのかなどの手段を明記する、など直接に伝えるという方法である。あるいは、先の日本語の学習では、コミュニケーション方略には、14種類ありますと説明し、これらの方略を用いると、このように有効であることを事例を紹介しながら説明する、またどのような時にどんな場面で用いるかを事例を挙げて説明し、その方略が成功したかどうかを、相手が相槌を打ったかどうかで判断するといった評価の仕方について説明する方法が、この直接教授である。

しかし、どのように方略を使うかは、実際の場面に遭遇しないと、なかなかわからないという問題が指摘されている。そこで、いくつかの方法が提案されている。

相互教授

パリンサー(Palincsar、A.S.)とブラウン(Brown、A.L.)らは、方略の学習に相互教授が有効だと述べている。代表的な手順は、以下の通りである。

始めに教師が演示(デモ)をする。これは、教師の方法を観察して、生徒達にモデリングさせるという意図である。モデリングは、一種の模倣であるから、ともかく模範を見させるのである。先の直接に言葉で説明する方法と、異なっている。頭で理解するというよりも、全体を見させるのである。

次は、生徒が教師のアドバイスを受けながら、実践する段階である。例えば、発表練習であれば、実際に発表させて、教師がコメントを与えるようなイメージである。

そして次は、生徒達をグループに分けて、教師とグループが一緒になって活動する段階である。このグループを作ることによって、生徒達の責任や活動の自覚が生まれる。教師から生徒達へと、活動の主体を移行する段階になる。そのためには、個人よりもグループで行う方がやりやすい。グループでは、リーダなどの役割が生まれる。そのように教師が設定することになるが、話し合って役割を決めても良い。ここから主体は生徒側に移り、教師は活動のアドバイザーであり、うまく活動ができるような支援者になる。この時の話し言葉は、一斉授業における教室言葉ではなく、一緒に仕事をする時の仲間言葉になる。

さらに次は、生徒達が中心のグループ活動の段階である。ここで、教師はグループ間を行き来して、アドバイスを与える役割にある。グループ内では、生徒の1人がマネージすることにし、その方略も教師からアドバイスを受ける。あるいは、他のグループの生徒達からアドバイスを受けたり与えたりする。このアドバスは、方略そのものの学習である。

最後は、生徒達は、自分達で活動を推進したり、活動を制御したりするようになり、自己調整ができる段階となる。

上記のような段階を考えると、この相互教授は、総合的な学習の活動にきわめて近いことがわかる。総合的な学習では、始めにモデリングを行う。オリエンテーションのようなイメージで、どんな内容かを生徒達に理解させる。例えば、総合的な学習、課題研究、大学であれば卒業研究などの、先輩によるデモが該当する。あんなふうに実施するのかと、先輩の実際を見たり聞いたりしながら、概要を把握する。これは効果的である。実際を見なければ、どのようにすればいいかイメージできないからである。ある高等学校では、必ず先輩が自分達の課題研究について、後輩に説明する時間を設定している。例えば、課題研究のテーマの設定では、自分の興味関心があること、それが1年間で達成できるかどうかを見通すこと、行き詰まったら必ず他の人に相談するか、先生にアドバイスをもらうこと、などを話すことが多いが、これは方略そのものを後輩に伝えていることになる。

また上記のように、教師のアドバイスが重要な役割を果たす。中学校の総合的な学習で、福祉についての訪問調査をすることになった。グループでアポイントをとることになったが、どうしていいかわからない。先生に相談すると、電話でのアポイントのとり方について、注意事項を説明していた。生徒達の表情は真剣であった。誰でも知らないことは、真剣になる。その前に先輩達から訪問調査をするには、十分注意するようにと聞いていたからである。先生も、生徒を訪問させることについて、福祉施設に事前連絡をしていたかもしれないが、初めての経験から一緒に考えている光景であった。うまくいくかと心配もあったかもしれない。これが、生徒達と一緒に活動をしながら方略を伝えていく光景である。その話し言葉は、先生対生徒というよりも、同僚という印象であった。さらに、上記のように、最後は自己調整するようになる。活動をしながら、うまく遂行する「こつ」のような方略を獲得していく。

小学1年生から6年生まで一緒になって、班別に活動させる特別活動の時間がある。活動内容は様々であるが、6年生が下級生にどうしたらうまく行動させることができるか、述べている。例えば、「下級生に伝えるには、何か小物を用意して見せると良い、あまり長い話は聞いていない、事前に先生に内容を伝えると良い、事前にどの程度時間がかかるか試しておくこと」など、まさに下級生を指導するための「こつ」のような方略を述べている。そして、その方略は、体験を通して、先輩達のモデリングによって、始めは模倣からしだいに獲得していったのであろう。6年生は、この意味で自分達がどうしたらいいかが見えているわけで、自己調整することができたと言えよう。

暗黙知から形式知へ

以上の事例や相互教授の方法を考えれば、すでに述べたように、知識と方略はかなり異なった特性をもっていることが理解されよう。

その違いを、アッシュマンらの文献を参照すれば、以下のようになろう。知識は明示的であるが、方略は暗黙的である。知識は意識しなくも言葉や文字で表現できるが、方略は内省して自分自身に問いかけて意識しなければ、表現できない。知識は一般的に記述できるが、方略は課題や状況に依存する。

例えば、第1章の実践家の知識とアフォーダンスの項で述べたが、映像の専門家に、どのようにしてカメラアングルを決めるのか、何か物理の法則のような知識を期待して質問しても、なかなか明示的に答えられない。何故なら、それが方略とかメタ方略とか呼ばれる知識で、物理の法則のような明示的な知識と異なるからである。そこで、方略的な知識は、暗黙的だといえる。そして、言語化するためには、自分を振り返ってみて意識化しなければ、難しい。また、実際の場面や状況を見れば、自然に方略を言葉に表すことができる。これが、課題や状況依存の性質である。例えば、生徒の発表の仕方を指導する時には、一般的な方略を言葉にして説明しても、なかなか生徒達に伝わらない。しかし、実際に生徒の発表を目の前にすれば、話し方、ポイントの置き方、間のとり方、プレゼンテーションソフトの使い方、画面の構成の仕方など、具体的に指摘することができる。それは、第1章のアフォーダンスで述べたように、まるで対象が指摘を待っているかのように、引き出すように、催促しているように、思えるからである。

そこで、物理の法則のような明示化された知識を形式知、メタ方略のような明示化しにくい知識を暗黙知と、野中郁次郎・竹内弘高は呼んでいる。そして、暗黙知を形式知に変換するサイクルを提案している。暗黙知はいかにして形式知に変換できるのかは、まだ未知な要素が多いが、先の小学6年生が下級生に班別活動をする時のルールは、経験から得られた知識であるが、確かに明示化された知識になっている。しかし問題は、明示化された知識を受けることで、その知識が身に付くかどうかである。物理の公式を理解し、これを応用する仕方とは、異なるのではないだろうか。そこで、相互教授のような方法が、試みられてきたといえよう。

認知的徒弟制

コリンズ(Collins、A.M.)らは、その方法として認知的徒弟制を提案した。徒弟制という言葉が示すように、伝統的な技術を伝達する方法として、徒弟制が受け入れられてきたが、これを教科にも適用できるように提案している。伝統的な徒弟制は、優れた技術やスキルの伝達という目的であるが、コリンズらは、方略の学習として適用した。以下の記述は、コリンズらの文献を元に、筆者の事例を組み込んで述べている。

コリンズらは、学習する内容をその領域知識と方略の両方としている。領域知識とは、先の明示化されたそれぞれの分野における知識である。方略を、発見的方略、制御方略、学習方略の3つに分類している。

発見的方略では、例えば数学の問題解決におけるポリアの方略が、よく引用される。私達の経験でも数学の問題を解く時に、こうすればうまく解けるという方略を知っている。図形の問題では、このような条件では、補助線を引くとうまく証明できるとか、このような文章題では、このような関係を等号で結ぶと良いとか、このような内容を変数にすると良いといった、発見的なルールである。

制御方略とは、課題を解いていくプロセスを制御する方略のことである。例えば、方略が多くある時、この条件ではこの方略が適していると判断して選ぶといった、メタ方略に近い概念である。先に、文章を段落に切り離して、これをカードにして、これらのカードを、元の文章になるように並び替えるという課題を、Web上で協同学習させながら実験した研究事例を述べた。この時のカードを並び替えるための視点、つまり方略は多くあり、これをチャットのログで分析すると、始めは個々のカード間のつながりに注目する方略が多かったが、時間の経過と共に、全体の文章の趣旨を読みとって、全体から考えると、このような流れになるのではないかという、全体から考えるという方略に変わっていった。これは、ある時点で、方略を切り替えることに気づいたからであるが、このような方略を制御する方略である。スポーツ競技でも全体の流れから判断して、戦略を変える場合があるが、その戦略を見直す戦略のことである。

学習方略には、英単語の覚え方、文章を理解する方法、重要なポイントを把握する方法、など教科内容に応じて、多様な方略がある。誰でも、英単語の暗記の仕方、歴史の年号の覚え方、化学方程式の理解の仕方など、それぞれの学習方略を経験している。

このような方略を学習させるために、コリンズらは、学習方法や、展開の仕方などについて述べているが、詳細は省略する。ここでは、重要な学習方法として、これまでにも述べた、モデリング、コーチング、レフレクション、スキャフォールディングなどを挙げているので、少しだけ触れておきたい。モデリングや、自分を振り返って内省するレフレクションについては、すでに述べた。

コーチングは、文字通りコーチすることであるが、先の教師のアドバイスと似ている。アドバイスを与えて、方略を修正したり、別の方略に気づかせたりといった方向付けは、効果的である。スキャフォールディングは、援助とか手助けという意味であるが、例えば、ハードルの高い困難な課題が提示されると、とても無理だと思ってあきらめてしまうことがある。そこで、援助することになるが、教師が生徒の代わりに課題を解くのではなく、例えば、課題をより小さな課題に分割して提示するといった方法である。誰でも、これは自分の能力の範囲で届く距離だと感じたら、意欲が出てくる。小さなステップを積み重ねていけば、やがて大きな山の頂に到着できるが、その小さなステップに分割して、生徒に示すといった援助である。比喩的には、はしごを掛けるようなイメージである。はしごを使って、一階から目標とする二階まで登るのは生徒自身であるが、いきなり二階に登ることは無理なので、はしごを掛けて小さなステップから実行していくという手助けである。

このように考えると、模倣という見習いから入っていき、次第にこのような時には、この方法を使えばうまくいくという方略を修得していく。やがて、自分で自分のやり方を意識化するようになり、それを他人にも伝達できるようになるのであろう。卒業研究のプロセスを考えてみると、その道のりは長い。一週間で終了というわけにはいかない。研究テーマの選択から、先行研究の文献調査、実験計画、資料やデータの整理、重要な知見の抽出、結果のまとめと考察、卒業論文の作成、論文発表まで、そのプロセスは長い。そのすべてのステップに、方略が埋め込まれていて、こうすればいいのだと明示的に言われても、その通り直ちに実行することはできない。

始めは、研究室という徒弟制のような場に入って、新人として、先輩の研究方法を見習い、時には先輩の研究を手伝いながら研究方法を修得し、教授のアドバイスを受けながら、論文発表まで続けることになる。それは、まさに徒弟制という言葉がふさわしい。やがて後輩が研究室に入ってくると、先輩として、兄弟子として、新人のモデルになる。時に新人をコーチし、アドバイスを与え、模範を示し、長く研究室で生活すると、研究室の主のような存在になり、やがて学位を取得して他の大学に就職すると、研究者として認められる。徒弟制で言うところの「のれん分け」である。独り立ちして自分で自分をコントロールしながら、研究を継続することになり、研究者としての自己調整ができる。その過程は、まさに一般社会と同じで、仕事の専門家になる過程そのものである。その過程から、多くの方略を身に付ける。したがって、専門家は多くの優れた方略を持っている。

練習問題 2

「総合的な学習の実施において、教師は不安が多いという。その不安の内容を考えなさい。そしてその理由も挙げなさい。さらに、その不安を解決するには、どうしたらいいいか述べなさい」

………解答は次のページ

解答2

総合的な学習の時間における不安は、新しく設定された領域であることから、教師に経験がないことであろう。経験がないことは、始めから考えなければならず、誰しも不安を覚えるものである。モデルがあればそれを適用することもできるが、それができないことによって不安を感じる。加えて、方略がわからないことも、一因となっているだろう。
例えば、どのようにテーマを設定したら良いのか、どのように子供の活動を設定したら良いのか、どのぐらいの時間でこのテーマが終了できるのか、そのような見通しがないために方略が立てにくいということが考えられる。また、評価をどうしたらいいのかということも難しい問題である。グループ活動が主になるので、個人個人の評価をどうするのか、またパフォーマンス評価と呼ばれる作品の評価が多いので、そのような多方面での不安がある。これを解決するには、経験することに尽きるだろう。経験することによって、ある方略やモデルが出来上がるので、それを元にやがて慣れてくるというプロセスになる。

応用問題2

「あなたが得意とする分野の作品、絵、文章、写真など、インターネットから検索して、どのようにアドバイスやコーチをするか、書きなさい」

3. 大学の教育方法改善

大学の教育方法の改善が、注目されてきた。小中高など学校と異なり、教育方法についての講義や実習を受けた経験が少ないのが現状である。今日のように大学進学率が向上して、学生の質が多様化しているので、教育方法を改善すべきという声は、ある意味で当然かもしれない。そこで、筆者が以前に出版した「大学授業の技法」の原稿から抜粋し、修正して以下に述べる。

メディアの利用

メディアはもちろん授業内容の理解にとって重要な手段となっている。そこにメディアの特性が活かされている。例えば、紙の良さは、自由に並べたり、比較したり、重ねたりすることができるところにある。大きな机や床があれば、その上に置くことが自由である。このような特性を活かせば、学生の自由な活動を引き出すことができるので、授業の活性化には有効なメディアとなっている。

付せんや要素カードと呼ぶカードという紙メディアを用いて、授業を活性化している事例がある。考えてみれば、KJ法という川喜多次郎が考えたカードによる発想法は、今日広く用いられている。この有名なKJ法も、紙カードというメディアがなければ、これほど広く広がらなかったであろう。改めて道具の重要性を認識する必要がある。しかし、電子メディアはこの紙メディアと違った特性を持っている。デジタル化されたメディアは、情報様式が継ぎ目なく、つながっている。だから音声や写真や絵などを取り込んで、これらをリンクすることができる。さらに入力によって変化するという動的な特性を持っている。紙メディアが静的であることに対して、電子メディアはその動的であるところが魅力であろう。

今日のDVDやCD-ROMなどの電子メディアは、その特性が優れていて、ほとんど劣化がない。百科事典などもそのまま蓄積できる。このようなメディアを教材として利用することの価値は大きい。視聴覚メディアは、映像などの提示に欠かせない。何といっても、現実感のある場面や感性に訴えるには、映像に優るものはない。学習内容によっては、このようなリアルな映像を視聴しなければ、理解や納得が難しい。

大学の教室で人気が高いのは、このような視聴覚教室である。専門科目によっても異なるが、見て聞いて理解させるメディアは、今日でも十分利用価値がある。コンピュータが働きかけて、つまり対話によって学習できる道具に対して、多人数の学生を相手にした時のメディアは、何といっても視聴覚メディアが実用的で、実際的である。

またネットワーク環境は、この学習形態にも大きく影響を与えている。電子教科書や、メーリングリストや、Webの作成など、これからますます広がっていくであろう。

効果的な学習活動

学習活動の導入には、いろいろな方法がある。例えば、制作や発表、討論、学生相互の学習などであり、いずれも教員からの一方通行でない教育方法の模索であった。

CAIは教員がコンピュータで学習教材を作って、学生に学ばせるという考え方の下で、発展してきた。しかし、このCAI教材の制作でコンピュータや内容の理解を深化するのは、むしろ作成した教員の方であろう。ある教員は、学生にCAI教材を制作させるという方法を用いた。効果があったことは言うまでもない。

スライド制作にしてもビデオ制作にしても、作る過程において、この制作に必要な技能や知識を獲得するのである。基礎的知識を与えて制作するのではなく、制作する過程で、基礎を学ぶのである。スライド、ビデオ、CAI、WWWなどは、その道具であった。要するにその過程に、学ぶべき内容が包含されている。

理工系ではこの制作は、与えられた実験ではなく、自分で考えながら行う応用的な実験や実習に相当する。マニュアルに従って、実験することは、あまり学生の興味を引かない。それはその通りであろう。言われたことをその通りすることは、機械と同じ発想である。人間は、機械ではない。意味を考える生物である。知能を持った生物である人間は、自分の考えを表現することを好む。与えられた実験よりも、自分の発想や考えが活かせる応用的な実験を学生は好む。だから学生の考えを十分とりこむような題材を選ばせる。

学習した内容を表現することが、発表や討論であろう。討論やディベートをするためには、知識が必要である。その知識は、事前の準備によって得られなければならない。教員が授業中に与えた資料でさえも、授業が終わるとほとんど読むことはないという現実の中で、発表会や討論をするという設定で、学生達は驚くべき興味と関心を持って、資料を探し準備をする。この過程で得た知識は、確実に生きている。その生きた知識を表現する場が、発表会や討論の授業である。

発表会や討論会の授業は、活気があるだけではない。そこに学生達の本当の声が反映される。授業中では後ろの席で黙ったまま、わかっているのかわからないのか、本当に眠っているような学生でも、発表会では意気軒昂になる。アメリカの学生だけでなく日本の学生も同じように、人間は本質的に表現したい存在なのであろう。教師は、その彼らの表現に接して初めて、彼らの能力を知ることができる。そして、学生相互で意見交換することも、教え合うことも、表面ではない生きた声で、本物の疑問をぶつけ合う活動である。だから学生達の声がはずんでいる。

テキスト・資料の改善

大学の授業での難しさは、研究途上の内容や体系化されていない分野も多く、自作しなければならない科目が多いことである。今日のように多様化した学生相手では、どの大学でも同じ語り口や同じ資料で間に合うことは、ほとんどない。アメリカなどの大学でも実に豊富な資料を準備する。ほとんどが自作である。こんなに多くの資料をどうして印刷するのだろうかと思ったら、印刷センターのようなサービス機関があって、そこに頼めば教員は校費で、学生は有料でコピーをすることができる。カリフォルニア大学では、そのようなシステムで、資料を豊富に準備していたが、便利なシステムである。さらに、教授達は、そのような自作の教材を蓄積していて、何年か後に出版するということも多い。どの大学でも、どの学生でもわかりやすいテキストや資料といったものは少ないと思われる。どうしても、自作せざるを得ないし、そうしないと第一に講義することができない。さらに、資料は毎年更新されるもので、同じ資料ということは、ほとんどない。

語学教育も、外部からながめているほど簡単ではない。言葉の習得は、単に知識として覚えるだけでは役立たないことは、私達の英語の会話能力を思い出せばすぐわかる。視聴覚メディアの活用や、ロールプレイなどの方法をうまく取り入れるようは方法を工夫しなければならない。アニメーションや漫画なども有効な教材になる。

文章を書くことと、研究をすることと言えば、ずいぶんかけ離れた内容のように思われるかもしれないが、自分の考えを論理的にまとめあげることでは一致している。つまり、構造を作ることなのである。どのようにして、学生達にこの構造を作らせたらいいのかという点に、教育方法の工夫が必要になる。

あらかじめ、学習すべき内容の体系や構造を与えるという方法もある。シラバスと呼ばれる授業科目の内容の概要も、この構造をあらかじめ学生に提示する考えに他ならない。先行オーガナイザーといった専門用語を持ち出さなくても、私達の授業でも実践していることが多い。これは、授業の始めに、構造を図示したり、資料を配布したりしながら、この授業のねらいを知らせている。

データベースを用いて、その構造を学生自身で作成する方法も効果的であろう。要するに、データベースを使うとテキストや資料などから、学生自身が知識の体系を作り、構造化することができる。そのための方法の工夫である。構造化の過程を経験することによって、学生自らの知識体系に組み込まれる。

課題の出し方

学生は自分で勉強することが基本であるが、現実にはなかなかこれが難しい。そこでレポート課題を出すことになるが、この課題の出し方にもいろいろな工夫が必要である。何といっても、現実との関わり合いが重要であろう。学生の学習意欲の無さは、教室で学ぶ内容と現実社会での内容のギャップによるところが大きい。これは何も大学に限ったことではない。高校生も中学生も同じである。かろうじて受験という目の前にある目標のために、勉強しているとしか考えられない。かくして大学では、そのような目標がない。しかし受験という目標では、情けない。

そこで課題は、現実に密着していることが重要になってくるのである。現実にその内容が生きている、確かに理論と現実が結びついていると実感できたところに、学問の面白さを感じ、探求心が生まれてくる。理論と現実の橋渡しが、レポートの課題と言えよう。現実の課題を設定するために、現実の外部機関を利用することもある。教室だけが、学習する場ではない。外部機関を利用して、現実社会に関っていることがわかった時、その学習に対する取り組みの態度は、確実に変わる。だから、学会や講習会などの情報も与えて、このように現実の研究者も取り組んでいることを、知らせることも意義が大きい。例えば、学会の研究会に学生を連れていくと、学生の態度が変わる。目を輝かせて研究発表を聞いている。今の教室の学習内容が、大人の専門家の内容と結びついているという意識が、そのように変えるのであろう。

逆に現実との関わりや学生自身との関わりのない課題のレポートを読むと、実に手を抜いていることがわかる。分量も少ないだけでなく、内容が表面的である。深く考えてないことが、すぐわかる。教員にとって、これほどあじけないというか面白くないことはない。苦痛ですらある。だからレポート課題をどう設定するかは、重要な問題なのである。逆に問題意識を持って、深く考察したレポートを読むと、感心するし、レポートを読みながら内容を改めて考えたりすることがある。

テストとはその知識を確認するためのものであるが、これには少し誤解がある。成績をつけるためという教員の立場だけで見ていないだろうか。学生も確認したいのである。できたかどうか、自分の目で確かめたいのである。大学ではほとんどの場合、レポートもテストも返却しない。空間と時間的な問題があって、できにくい状況もあるが、できるだけフィードバックしたい。そのために自己確認のためのテストは、興味深い。そして学生達は知りたくないのでも、理解したくないのでもなく、知りたがっており、理解したがっている存在であることを、もう一度確認する必要があろう。そのようなテストなら喜んで受ける。課題もテストも、教育における本質的な内容を含んでいる。

形成的評価や総括的評価という用語を持ち出すまでもなく、評価の主なねらいは、形成的評価にあると言えよう。どのような知識を理解したのか、どんな技能が形成されたのかを、きちんと自分で確認することは、学習の意欲につながる。確認のためのテストは楽しいという学生の声に現れている。

有効な学習機能の適用

学習機能を有効に使うことによって、学生のモチベーションも高くなるが、そのために基本的な学習機能を知っておくことが望ましい。

まずはフィードバックである。フィードバックのない環境では、何も学習しないことはこれまでの研究で明らかであるが、研究として知っていても、実際に応用できなければ、役に立たない。どのようにフィードバックを学生に与えたらいいかである。

コンピュータプログラムリストに手書きで書き込む方法も、面白い。電子ファイルは訂正すれば元の情報が後に残らない。つまり学生自身が考えた内容が、自分自身にフィードバックできない。そこで、印刷されたプログラムリストに手書きで書き込むように指導するのである。後で確実に思い出すことができる。電子メディアの特性と紙メディアの特性の良い面を、両方活かした方法と言えよう。プログラムの問題の1つは、どのようにして他人に伝達するかという方法である。他人の書いたプログラムの解読は、極めて難しい。自分で書いたプログラムでも、同じような体験をする。どうしてこのように書いたのか、思い出せない。その思考過程は、手書きの文字に反映されている。手書きの文字を消すことなく、そのまま残す方法は、優れた方法と言えよう。

授業のコメントを学生に書かせ、これを毎回の授業で返却することも、教員とすれば労力はかかるが、確実なフィードバックとなる。これは、学生のモチベーションは相当高くなると予想される。前回の授業で書いたコメントが、次の授業で反映されているとすれば、授業内容と学生とがつながっている。フィードバックによって、学生と授業内容がリンクされたのである。コメントを紙メディアでなくて、電子メールなどのメディアにしても、同じ効果がある。要するに、学生にフィードバックを与えることである。

学問の理論や内容を学生自身の体験との関わりで学習すると、効果が高い。この理論はどのような内容であるかが、自分の経験と対比しながら学べるからである。いかに自分と関わらせるかに、教育方法の工夫がある。例えば、始めに問いかけをし、その回答の内容にしたがって、背景や解釈できる理論を説明するという方法である。このことは、法令をどのように理解するかという方法を思い出してもらえばいい。例えば、著作権に触れるかどうか、法令の条文を読んでも、少しも面白くないし、理解できない。少なくとも、素人にはそうである。しかし、具体的な事例を始めに挙げて、どう思うと問いかけて、これは、このように条文で判定できるとなれば、理解しやすいことは、良くわかるであろう。このように実際の場面を想定して調査しながら学ぶ方法は、効果的である。

立場を変える方法も面白い。立場を変えることによって、見え方が違ってくるのである。自分がこの立場であったら、どのように考えるかという構えが、学習内容をより深く理解させることになる。もしこの立場であったらという課題を出すと、筆者の経験でも、学生の学習意欲が高くなる。それは、受身の構えから当事者の構えに変化するからであろう。当事者になるという構えによって、多くのことが読めてくる。読めてくると、学習意欲がわいてくる。

コミュニケーションの改善

授業はコミュニケーション過程であると誰でもよく知っているが、その実践が難しい。小中学校のみならず、大学でも同じである。アメリカなどの大学では小中学校の時代からこのような経験を積み重ねているから当たり前になっているが、我が国ではこの実行が難しい。どうすればいいのだろうか。

教員が学生の周りを移動して話しかけるという方法がある。当たり前のようであって、なかなか気付かない。しかし実行してみると、確かに効果がある。講演などで本当にうまい人は、わざわざ壇上から降りてきて、聴衆に話しかけることがある。実に巧みであるが、プロの講演者はそこまで気が付くのであろう。あるいは、コミュニケーションに対するサービス精神が旺盛だとも言える。講演の専門家でない私達は、学生は話を聞く役割、教員は話をする役割という固定観念が強いからではないだろうか。コミュニケーションとは、情報が双方向のことだから、この考えから脱却することが必要なのであろう。板書や、説明することに忙しくて、学生の席まで回る時間がないこともあるし、内容がふさわしくないこともある。だから、すべてこのように実行できるとは限らないが、演習とか小さな課題を提示して、学生の席を回って、個人的にコミュニケーションを求めることは、筆者の経験でも効果がある。こんなところでつまずいていたのかという意外な発見をすることもある。

学生にコメントを書かせるという方法も面白い。しかし大切なことは、これを次回の授業内容に反映するということであり、そのためには教員の方もそれなりの労力を必要とされることも、覚悟しなければならない。

コミュニケーションのある授業の実践は、やさしそうで難しい。しかし、学生が眠っていても講義すればいいのだという声は、なにかしらうそっぽい。どんなにベテランであっても、コミュニケーションのない授業をした後味は、まずいに決まっている。反応のない授業は、どうしても面白くない。黙って一方通行で学生が聞いていても構わないから、重要なことは学生と教師の間で、知的なコミュニケーションがあるかどうかということである。

情報を受け取ると、必ず何か人間は、自分がすでに持っている知識を付加して、解釈する。そして丸覚えでなく、意味を探索する。自分なりの意味を作り上げる。その意味が、教員の話している意味と違った時、質問とか疑問が出てくる。そのような意味を考える存在が人間であるという前提に立つ時、教員と学生の間で何らかのコミュニケーションがあることが、授業の基本であろう。このことはよくわかっているが、それを実行をするためにどのような工夫をするかが、教育方法の改善なのである。

練習問題 3

「これまで小学校から受けた授業を思い出し、強く印象に残っている授業は何か、そしてそれは何故かを考察しなさい。逆に印象に残らなかった授業は、何故か考察しなさい。そして、授業の良さに与える要因を抽出しなさい」

………解答は次のページ

解答3

この課題には、多くの要因が関わっているので、すべてを述べることは難しく、一例を挙げて説明する。
例えばある学生は、小学校の時に毎日学校に行ったら天気の様子をノートに書くように指導され、それが最も印象に残ったと書いた。その学生によると、同じ曇り、雨、晴れの日でも、言葉にするには様々な表現があるということを学び、そこから国語が大好きになったという。そして、そのような専門の大学に進んだと話した。
別の学生は、帰国子女であったが、ニューヨークに住んでいた時に通っていた現地の学校で、ある時先生から、町に出て自分達で作ったホットドッグを売ってきなさいという宿題が出された。冬の寒い日にニューヨークの街角で自分達が作ったホットドッグを売った経験をしたという。通りを歩く人達は通り過ぎていくばかりで、現実の厳しさを実感した。なかなか声を出して宣伝することができなかったが、これが学校の宿題だということを通り過ぎていく人達に言ったら、買ってくれたという。そしてホットドッグを完売させることができた時に、離れた所から両親が見守ってくれていたのを見つけ、自分にとってその授業は一生の思い出になったと述懐した。
2つの例からわかるように、教師の授業の仕方、課題の与え方すべてが、何らかの形で多くの示唆を含んでいる。それらを全部リストアップすることは難しいが、指導法、教材の与え方、課題の出し方、教育目的、コミュニケーションの仕方に至るまで、きわめて多くの要因があることに、ここで触れておきたい。

応用問題3

「教師が自分自身を語る（ナラティブ）ことがあるが、ある教科や場面を想定して、その場面と内容を書きなさい」

6章

教育システムのデザイン

前章において、教育方法や授業改善の概要について述べた。そこでは、知識をいかに活用するかという方略について、その特徴や習得方法について述べた。本章では、さらに教育内容に言及して、主にその内容の設計について述べる。

1. デザインと構造化

テーマの設定

総合的な学習や卒業論文などのテーマの設定について、考えてみよう。これらは、教科を対象とした教材開発や指導案などの作成とは、基本的に異なっており、目標や内容が明確に定められていない。教科では、学習目標がきちんと決まっているから、その目標にしたがって教材を開発し、学習活動を設定することになる。しかし、総合的な学習や卒業研究などでは、テーマを決めることから始めなければならない。何がテーマになるのか、そのねらいは何かということから設計しなければならない。世の中における教育でも、事情は同じである。情報処理検定、英語能力検定、技術資格、簿記検定などのように、資格試験のような場合は、目標や内容がきちんと決められているので、その目標に応じたカリキュラムや教材や試験問題などを、設計しやすい。しかし、現実の仕事を考えてみると、企画力、実行力、研究開発能力などのような、総合的とか問題解決と呼ぶべき能力が重視されている。しかしその教育方法は、漠然としているから、どのようにデザインしていいかわからない。それは、学校教育で言えば、先の総合的な学習や卒業論文などのテーマの設定に近いと言える。そこでここでは、このような目標や内容が定められていない内容を、どのようにデザインすればいいかを考えてみよう。

その第一は、構造化という考え方である。全体から注目しているテーマを俯瞰することで、テーマの位置付けを明確にする方法である。第5章で述べた方略においても、全体を見通す方略が重要であることを指摘した。

例えば、総合的な学習のテーマで、給食を主テーマにした所沢市教育センター（当時）の永嶋賢一氏の実践を紹介しよう。給食をテーマにした理由は、給食の時間に小学生の子供達と雑談していたら、様々な疑問が出てきたからである。永嶋氏が小学校の校長の時に、給食の時間に教室に出かけて子供達と一緒に食事をした。ある子供は、給食費を学校に納入する時のことを思い出して、給食費は高いと話した。それを聞いていた隣の子供が、レストランで食事をした時のことを思い出して、いや安いと言った。それでは計算しようということになって、一回分の給食の値段を計算し始めたため、給食の時間が算数の時間になった。すると、きわめて安い費用だということがわかった。どうしてこんなに安いのかと疑問が出た。そこで永嶋氏は、インターネットで都道府県の給食費を調べ、学校給食法を調べ、戦後の給食の歴史を調べた。算数や歴史の学習につながった。別のクラスに行って、給食について何か疑問はないかと聞いたら、ある子供は、今朝母親から、あなたの食べ方は犬食いだと叱られたと言って、何故犬食いはいけないのかと質問された。これには、答えられなかった。校長室に戻って、食事のマナーについて調べた。世界には、国によってマナーが異なり、それは宗教や文化に関連していることがわかった。国際理解の学習になった。別のクラスに行ったら、ある子供が栄養士さんになりたいと言った。給食は栄養のバランスを考えているに違いない。戦後の給食の脱脂粉乳を思い出し、その映像が教材になると気付いた。給食のカロリー計算や、ファストフードなどの栄養の偏りと子供の体力などの関係を調べたくなった。理科や社会科そして保健にも関連していることが、わかった。この給食の時間の子供達との会話から、関連するトピックスを分類して、教材として必要とされる資料や映像などをまとめて、CD-ROMとして完成させたと言う。

以上の実践は、テーマの設定についてヒントを与えている。例えば、主テーマを給食とすれば、そのサブテーマとして、給食費の比較、給食の歴史、食事のマナー、栄養のバランスなどが挙げられる。しかし、サブテーマも、完全に独立しているわけではなく、お互いに関連し合っている。給食費、給食の歴史、栄養のバランスなどは、関連しているであろう。そこで、これらの関連を構造図として表示すれば、お互いの関連を俯瞰することができる。人は、このような全体の構造を見て、今注目しているテーマは、この部分だと他との関連において認識できるので、理解しやすくなる。このように、総合的な学習などでは、テーマの関連を図示することが、重要になってくる。

卒業研究などの指導でも、この全体構造を示し、どの部分を研究しようとするのかという相談から始めることが多い。それは、テーマを構造的に把握しようとする活動と言える。

分散と協調

ここで、構造と脳の機能について考えてみよう。脳の機能を表すわかりやすい言葉として「脳は、テープレコーダでもカメラでもない」という表現がある。つまり聞いたこと、見たことをそのまま脳に記録するのではないという脳の仕組みのことである。これは、興味深い。カリフォルニア大学バークレー校のローレンス(Lawrence,F.l.)の「思考と学習の生物学的根拠」の記述を引用すれば、「脳は、情報を受け取ると、情報は細分化され、記憶される情報のタイプによって、機能部位に配られる。例えば、非言語的な知覚情報は、ある場所に形状を、別の場所に色を蓄えておき、動きや順序性、感情的状態はすべて別々に蓄えられる。非言語的情報の蓄積と同様に、言語についても、脳の様々な部分に貯蔵される。聞いたり、見たり、読んだり、書いたりといった能力は、別々に蓄えられる。植物や動物などの自然物の名称は、脳のある部位に、物体・機械などの名称は、別の場所に記録される。名詞は動詞と区別され、音素は単語と区別される」(小倉康(訳))

このように脳は、外界からそのままを受けるのではなく、情報は分解されて、それぞれの特徴に応じて脳の部位に蓄えられて、それぞれの脳細胞間を樹状突起と呼ばれる接続子で結び付けている。同じような活動を繰り返すことで、その接続子の結合の強さが大きくなって、ある脳細胞に刺激が当たると、その脳細胞に接続されている他の脳細胞を活性化して、呼び出すという仕組みになっている。

以上から、脳は情報を分散して蓄え、関連する細胞間はお互いに樹状突起で結ばれており、リハーサルによってその脳細胞間の結合が強くなって、呼び出されると協調して活性化される。つまり分散と協調によって、脳を働かせている。例えば、よく引用される例として、ある人に関する情報は、名前、職業、勤務先、家族、友人など、別々に蓄えられて、その間を結合することによって、ある人の名前を言えば、その人の職業や家族について答えることができるようなイメージである。これを工学的に実現したシステムが、ニューラルネットワーク(神経回路網)であり、様々な分野に応用されている。分散された情報をネットワークで結んで、必要な情報を取り出す仕組みをベースにする考え方を、結合主義(コネクショニズム)と呼ぶが、この考え方は、これまでのコンピュータの情報処理の仕組みと異なっている。詳細は略すが、いずれにしてもプログラムという記述によって、その1つ1つを順序よく処理しながら、入力に対して出力するコンピュータの情報処理に対して、脳と同じように、情報を分散して蓄えておき、プログラムを与えるのではなく、繰り返すという活動によって学習させて、必要な情報を自動的に呼び出して処理する仕組みである。

例えば、ニューラルネットワークの事例として、手書き文字認識がある。例えば、「あ」という人の書く文字は、人には癖があるので、それこそ無数にあるといって良いであろう。これをコンピュータに認識させるとすれば、あるパターンならば、「あ」と判別できるように、人間がプログラムを作るのである。そのプログラムのアルゴリズムの良さが、判別の確率を決めている。ニュ ーラルネットワークでは、プログラムを書 かないで、ネットワークにいろいろな人の書いた手書きの「あ」の文字を覚えさせるのである。すると自動的に、「あ」の文字を入力すると、「あ」だと推測するようになる。つまり、これは、人間の学習、つまり脳の学習を模倣しているのである。何度も何度も人の手書き文字を見ていると、リハーサルによって、自動的にその特徴を脳はどこかに蓄積し、次に提示された文字を見て、その特徴を組み合わせることによって、特徴の記録されている部位が活性化されて「あ」だと認識するという仕組みになっていることがわかる。

以上のように、脳が情報を分解してその特徴ごとに蓄積していることから考えると、先に述べた、情報を構造化することで、脳が働きやすいと推測される。脳のファイリングシステムと合っているからである。脳が、構造的に情報を蓄積し処理しているならば、人も構造的にテーマをとらえる方が、合理的であろう。

関連付けと再構成

総合的な学習などでは、協同学習（コラボレーション）のスタイルが、よく導入される。グループ学習であり、グループ内で議論しながらテーマを追及していく活動である。人は、それぞれが異なった経験をもっている。経験は脳に蓄えられていて、脳細胞間の結合の状態も人によって異なっているから、同じ内容を提示しても、想起する情報は異なる。教室で教員が生徒全員に話をしても、当然ながら生徒の受け取り方は様々であり、脳への蓄え方も同じではない。興味や関心に応じて、脳の結合の強さも異なる。そこで、脳の結合を有機的にするには、多様な視点で考える方が好ましいことになる。先の給食のテーマでは、給食費から一日当たりの給食費の計算をするならば、算数に関する脳の部位と結合（リンク）するであろう。子供がそこで終わったら、給食の知識と算数の知識だけのリンクになるが、これが指導者である永嶋氏が思い出したように、学校給食法、給食の歴史までリンクすれば、この脳のネットワークは広がることになる。既存の知識とリンクされ、さらにインターネットで調べた新しい情報が追加されて、脳のネットワークはさらに広がることになる。

ネットワークができると、問題が提示された時の解決がしやすくなる。それは、推論が働くからである。医学部の学生と本物の医師との問題解決の仕方を、分析した研究がある。第1章の初心者と専門家の違いと知識構造の項で述べた。初心者は、知識がばらばらでリンクしていないので、個々の問題には答えられるが、病名のように総合的に診断することは難しいと述べた。何故なら、病名を診断するには、知識が全体として構造化されていることが必要だからである。本物の医師は、何回も患者さんを診断して、つまりリハーサルしているので、個々の知識間のリンクが強くなり、全体としてリンクによって結合が強くなったネットワークができている。一般に、推論する、診断する、判断する時には、知識のネットワークを利用している。

例えば、写真を送りたいと思った時に、写真を電子メールの添付ファイルにしてすぐに送る人と、少し考えて送る人がいる。インターネットの接続状況によっては、受信に時間がかかる場合があるため、相手の電子メールの環境を考える必要がある。写真はテキストに比べて、情報量が桁違いに大きいため、場合によっては相手に迷惑になるかもしれない。そのため、相手によって送り方を変えようとする。もしこれがメーリングリストのように、大勢が関わっていると、誰かが迷惑を被るかもしれないと思って、写真の添付は止めようかと考える。年賀状メールに動画の挨拶を添付して、メーリングリストで送る人もいるが、もう少し判断してもいいのにと思う場合もある。このように、写真は情報量が大きく、動画はさらに情報量が大きいという知識と、回線が細いと時間がかかって相手に迷惑になるという知識が結び付いて、どうしようかと考えることが、適切な判断と呼ばれる。

したがって、判断ができるとは短絡的でないこと、つまり便利だから、すぐに電子メールの添付ファイルとして送るという短絡的な行動をしないことと、同義語である。短絡的でないこととは、知識がネットワークになっていて、そのリンクをたどって、様々な角度から考えるという状態である。短絡的とは、知識が全体として構造化されていない状態で、早く写真を送りたいという気持ちと、添付ファイルで送ればいいという知識がリンクして、その他の知識とは何もリンクしないで、それだけで思考する状態であり、文字通り知識が短絡している。知識がネットワークになっていると、様々な角度から思考することができる。つまり、脳細胞のリンクを次々にたどる状態であるから、豊富な経験がある人や、協同学習などで、様々な人の意見を取り入れた時に、そのようなネットワークが形成される。

それは、すでに持っている知識とリンクしたり、新しい知識とリンクしたり、これまでに形成されているリンクを強くしたりというように、知識が再構成されることと同じである。インターネットで検索すると、次々に新しい情報に出会う。新しいリンクを次々につなげると、リハーサルができないのでリンクが切れて、前の内容を忘れてしまうことがある。これが迷子問題と呼ばれるが、全体構造が見えないことによる。常に、全体構造を見ながら、今のテーマを見ていく必要がある。

ズームレンズモデル

総合的な学習のテーマ設定におけるデザインの方法として、構造化の重要性を述べた。構造化の方法として、KJ法やウェッビングと呼ばれる方法が、広く普及している。いずれも先に述べた給食のテーマでは、いくつかのサブテーマがリンクして、全体として構造化する方法である。また、迷子問題についても触れた。新しい知識が次々と入ってくると、何と何が関連し合っているかを忘れることがある。

さらに、教育システム設計法として、ライゲルース(Reigeluth,C.M.)の精緻化理論がある。日本ではあまり知られていないが、その考え方は興味深い。ライゲルースは教育システム設計の理論家であるが、この方法はズームレンズモデルと呼ばれることもある。

例えば、部屋をカメラのレンズを通して観察しているとしよう。研究室であれば、机、書棚、テーブル、コンピュータ、テレビなどが配置されているであろう。そしてカメラをズームインすれば、詳細を観察することができる。例えば、机の上にズームインすれば、机の上には、時計、電話、ノート、書類、辞書、ノートパソコンなどが配置されて、詳細にそれらを観察することができる。ノートパソコンの画面をさらに詳細に観察したければ、そこにさらにズームインすれば、画面に何が表示されているか、見ることができる。

しかし、机の隣の書棚に注目したいと思って、ノートパソコンにズームインしたままカメラを横に移動する(パンする)と、カメラには詳細な物体が映って、大写しの物体が次々に移動するので、ノートパソコン、机、書棚の位置関係はわからない。そして、書棚にある本の背表紙が見えても、その本が書棚のどの位置にあるかという、全体の関連がわからない。そこで、このような詳細は観察できても、全体の関連がわからないという欠点を避けるには、カメラを一旦ズームアウトしなければならない。一旦ズームアウトして、全体の構成の関連を把握した上で、書棚にある注目したい本にズームインすればよい。

このようにして、全体に関連付けながら、詳細を観察する方法を、ライゲルースは精緻化と呼んでいる。この対象の認識の仕方を、カリキュラムのデザインに適用する。カリキュラムは、基本的な概念となる木の幹があって、その幹には下位となる概念が関連していて、これが木の枝となり、さらに下位となる概念が葉になって、全体として木構造を作っている。この場合に、幹から枝へ枝から葉へと移動しながら、さらに葉から一度幹に戻って学習する系列化の方法を、精緻化と呼んでいる。ライゲルースによれば、ブルーナー（Bruner,J.S.）の「らせんカリキュラム」やノーマン（Norman,D.A.）の「ウェブ学習」も全体の構造を把握させる考えだと述べている。

このように多くの研究者が、全体との関連で構造化することの必要性を述べているので、これは本質的な意味をもっている。木構造において、葉だけを見るのではなく、常に幹まで戻って学習するようにという考えは、常に基礎基本を学習せよという教科学習の考えとも一致する。木構造そのものを理解させることが、教科のねらいとすれば、それは納得できる。総合的な学習のように、その構造そのものが体系化されていない内容であれば、先に述べた給食のテーマのように、そのテーマを幹として再構成されることになる。その再構成によって、教科の知識ともリンクされ、全体として複雑な知識のネットワークになるのであろう。

また、現在のホームページのデザインは、目次のウィンドウと注目しているウィンドウが別になっていることが多い。これは先に述べた迷子問題を解決する方法として、きわめて有効である。目次をクリックすると、その目次項目だけの色が変わって、現在の状態を目次という全体の中でとらえ、かつその目次項目に対応する内容が別のウインドウで表示されるから、常に全体を監視しながら、注目している内容を見ることを可能にしている。このような構造が出てくる以前のホームページでは、迷子になって、自分は今何を調べているのかさえ、わからなくなることが多かった。今何を調べようとしているのか、それは、木の幹に戻ることであり、全体を構造的に見直すことである。

意味ネットワーク

概念がネットワーク構造、特に階層構造になっているのではないかと提案したのは、コリンズ(Collins,A.M.)とキュリアン(Quillian,M.R.)のよく知られた実験である。よく引用されるので、ここでは簡単に紹介する。コンピュータ画面に、ある質問が表示されて、答えが「はい」か「いいえ」のどちらかを答える。ボタンをクリックするかキーボードのキーを押せば、問題の提示から回答までの時間を測定できる。そこで、カナリアは鳥かという質問に回答する時間と、カナリアは動物かに回答する時間を比べると、動物と答える時間が長いので、ちょうど生物の系統図のように、動物の下位に鳥や魚が分類されて、鳥の下位にカナリアが分類されていると考えた。このことは当たり前のように思えるかもしれないが、脳の記憶の状態まで、このような階層的な構造になっているのではないかと推測したことが興味深い。カナリアと聞いた時、脳のカナリアが記憶されている脳細胞の部位にアクセスし、鳥と聞いた時に、鳥を記憶している脳細胞の部位にアクセスして、その両者がリンクで結ばれていれば、「はい」と答えられる。そして、動物と答えるよりも反応時間が短いということは、ちょうど生物の系統図と同じように、脳内の記憶している部位のリンク関係も類似した構造になっているのではないかと、大胆な仮説を立てたのである。

さらに、これらの概念の性質についても、反応時間の実験をした。カナリアは黄色いかという質問と、カナリアは飛べるかという質問では、後者の方が長い反応時間を示した。そこで、飛べるという性質は、動物一般が持っている性質なので、動物を記憶している部位と直接リンクされて、記憶されているのではないかと仮説を立てた。黄色いという性質はカナリア特有の性質なので、カナリアを記憶している部位と直接にリンクし、記憶されていると仮定した。カナリアも飛べるが、飛べるという性質は、カナリアには直接にリンクされていないので、その性質を持っているかどうかについては、カナリアとリンクしている動物までたどって、その動物とリンクしている性質までたどるので、探索のために反応時間が長くなるのだと説明したのである。すべての性質を重複して記憶するのは、どう考えても効率的でない。記憶や思考を経済的にするには、このような構造の方が合理的ではないか、そして反応時間はそれを支持していると主張したのである。当然ながら、多くの議論もあるが、納得しやすい仮説である。

ここで述べるのは、その真偽ではない。反応時間を考えれば、経験的にも構造化して記憶している方が、早く答えられるという事実である。このことは、医学部の学生と医師の判断の違いでも述べた。とすれば、情報が脳内でも構造化されやすい方法が有効だと、期待されることになる。

可視化

先のズームレンズモデルでは、部屋という空間を対象にして述べたので、理解しやすい。しかし、私達が学習する対象は、空間だけではない。むしろ抽象的な概念である。抽象度が増せば、空間的に図示することが困難になる。しかし、概念を文字という記号だけでは、理解しにくい。数学でも図的な表現をすることで、理解を助けている。同様に、抽象的な概念を図示することで、理解を助ける方法がいくつか提案された。それは、確かにわかりやすいのである。何故わかりやすいかと言えば、先のコリンズらの提案した意味ネットワークが示すように、概念（ノード）とリンクによる図的な構造が、ちょうど記憶している脳細胞とそれらを結ぶリンクに対応しているので、相似な関係になっていて、くだけた表現をすれば、すっと頭に入りやすいからだと言えるのではないだろうか。

それは、逆に脳内の記憶の状態を、外部に表現したとも考えられる。例えば、第5章の「留学生の日本語能力の差」で述べた、自由に連想する語彙を書かせた図は、留学生は語彙を見て、連想した語彙を書いたのであるから、脳内の記憶の状態をある意味で表現しているとも考えられる。このことから、ノードとリンクからなる概念の図的な表現は、思考の可視化とか外化と呼ぶこともできる。

このような可視化の方法として、コンセプトマップなどが、よく知られている。先に述べたKJ法やウェッビングも、実際の場面や手順は異なるが、考え方は類似している。コンセプトマップなどの応用例は多い。例えば、教師の作るコンセプトマップと生徒の作るコンセプトマップを比較すれば、何の概念が異なっているかを、知ることができる。あるいは、ある授業の前後で、生徒にコンセプトマップを書かせれば、その前後でどのような概念の変容があったかを、知ることができる。個人個人がコンセプトマップを書かせて、グループにして討論した後で、コンセプトマップを書かせれば、その協同学習による概念の変容を可視化することができる。この場合も、いくつかの方法が試みられているが、自由にマップを書かせる場合と、あらかじめ概念の用語を決めて、これをカードにして配置させ、リンクを書かせることで、比較を容易にする方法などがある。詳細は省略するが、このように概念を可視化する方法が、試みられてきた。

自己との対話

さらに、可視化の長所は、可視化によって、自分の考えを修正したり変更したりする点にある。抽象的な概念は、とらえにくいと述べた。しかし可視化によって、改めて自分の脳内の概念構造を見直すことになる。そして、自分のイメージや考え方と違うと気付くことが多い。脳内に概念間がリンクで結ばれているとして、それをトポロジー的に可視化していると仮定すれば、そこにギャップがある時、何かおかしいと気付くはずである。どこがおかしいかを自問自答する光景は、ちょうど自分の脳内を探索している状態に似ている。そして、修正を繰り返すことによって、改めて自分の理解の状態や、概念のとらえ方や、概念間の関係を知ることになる。

さらに、KJ法のようなグループで討議して構造図を描く方法や、コンセプトマップをグループ活動で用いる方法では、グループの合意を得るために有効な方法である。この場合にも、可視化することで、全体の考え方をとらえ直し、もう一度個々の考えにフィードバックして、全体の考えに集約していくことを支援している。合意するためには、考え方やとらえ方の違いを明確にしなければならない。全体の構造図を見て、改めて自分の考えと比較することができる。可視化とは、このように自己との対話を可能にする手段でもある。可視化は、自分を知るための優れた方法と言える。

練習問題1

「2人でペアを作り、それぞれの得意な分野や専門の分野で、それぞれが、その分野の重要なキーワードを、15から25程度付箋に書き出しなさい。それと同じものを用意し、それぞれが独立に構造図を描きなさい。そして、それらを比べて何故違うのか、議論しなさい」

………解答は次のページ

解答1

専門家には、その分野について深い知識を持っていること、幅広い見方ができること、そして全体的に俯瞰できることなどの特徴がある。逆に初心者は、見方が狭く、知識が浅く、小さな関連性に目を向けるという違いがあるので、それぞれのキーワードや構造図を比べた時に、意味合いが違ってくる。特に、初心者は表面しか見ることができないので、例えば、物理の専門家の書いたキーワードと初心者の書いたキーワードはまったく異なるという、多くの研究がある。それは、それぞれの脳、頭の中にイメージした内容に差があるということで、それが構造図として表現され、比較しているからである。

応用問題1

「ウェビング(Webbing)の方法で、知らない人はネットで調べて、総合的な学習の時間で活用するとして、あるテーマで描いてみなさい。そこから、どのように学習指導するか、計画を立てなさい」

2. 教育システム設計

ここでは、教育システム、例えば研修プログラムや訓練プログラムから、授業の指導案にあたる一般的な方法について述べる。事例を挙げて述べるが、この方法は多くの分野に適用される。

ニーズ分析

第1章のISD研究でも触れたが、情報教育担当者の研修プログラムをどう作ったら良いか考えてみよう。現在、これは大きな課題となっている。何故課題となっているのであろうか。この何故かという問いかけが、始めになされる活動である。研修する必要がなければ意味がないという、当たり前のことだからである。何か必要があって、研修をするはずである。これが、教育システム設計では、ニーズ分析と呼ばれる。どんなニーズがあるのか、その必要性は何かを明確にすることである。その方法はアンケート調査、インタビュー、ベテラン教員のヒヤリング、文献調査、総合的な分析など多くの方法がある。

この事例に関して、文部科学省のアンケート調査では、コンピュータを操作できる教員の比率と、コンピュータを使って授業に活用できる教員の比率に、大きなギャップがあることがわかっている。一般教員にインタビューすると、操作が難しい、時間がない、興味がない、コンピュータ室に生徒を連れていくことが難しい、せっかく連れていっても生徒がコンピュータで遊んでしまうなど、平凡であるが、重要な回答を得ることができる。ベテラン教員にヒヤリングすると、研修時間がない、校内にネットワークが接続されていない、必要なソフトが購入できない、使えるコンテンツが少ない、インターネットの回線が細い、など様々な回答が出てくる。文献調査では、海外でも事情は同じで、その理由を分析している。例えば、情報教育の壁は、外的な壁と内的な壁の2つがある。外的な壁とは、ハードウェアやソフトウェアの不備、教員研修の実施体制の不備など、外的な要因から生じる壁であり、財政処置や校内体制の整備などで対応できる。しかし、内的な壁とは、教員の哲学や教育理念に基づく壁であり、コンピュータで教育という考え方に違和感をもつ壁である。以上のような分析をしている。

このような調査をした上で、さてどのように研修プログラムを作成したらいいか、その方法を考えることになる。そこで、以上の様々な問題点をＫＪ法や構造化の方法によって、分類すると理解しやすく、関連を把握しやすい。ここで、現実的な対応を考えなければならない。理想はいくらでも描けるが、現実の課題を解決することが、大前提である。膨大な予算や、多くの時間を確保することはできない。総合的な分析を通して、教員研修の方針を決める。重要な要因は何かという優先順位を決めて、方針を決める。これが研修のねらいや目標に相当する。ここでは、教員の内的な壁を重視し、授業における課題解決のためのコンピュータ活用として、体験を通して実感してもらうという方針を立てる。

具体的には、研修の対象は、学校で指導的な立場になれる教員とする、この研修後に、学校に戻って担当者として仕事がやりやすいようにする、現実の授業を想定して、コンピュータを活用する課題を実習する、現実の問題点を挙げて解決できるように、討論しながら解決案を共有する、ネットワーク技術については学校の実情に合わせたネットワーク構成図を完成してもらう、校内研修のプランを立ててもらう、一般教員からの相談に応じられるようなカウンセリングの実習を行う、学校に戻ってからも意見交流できるようにWeb上に掲示板システムを作る、学校に帰ってからも自学できるように、CD-ROM教材を開発する、研修の評価は事前事後のアンケートによって行う、などである。上記は、実際に行った研修プログラムであり、きわめて大きな効果があった。

課題分析

より詳細なプランを行うには、課題分析を行う。例えば、カウンセリングでは、具体的な事例が必要であり、これを技術的相談、授業に関する相談、設備に関する相談、著作権などの相談、ネットワークに関する相談などのように分類する。

ここでいうカウンセリングとは、情報教育における相談のことである。例えば、授業に関する相談では、教員がコンピュータを授業で使うと不安になる、子供がコンピュータ室でゲームソフトで遊ぶ、アイコンを隠してしまうなど、ベテラン教員にインタビューして、課題を収集する。そして、教員の不安に対応するためには、チームティーチングを行う、などの方法を取り入れる。チームティーチングを実施する時の注意事項を収集する、具体的な実践例を集める、などである。このように、ある課題を決めたら、そのためにはどのような下位となる課題があるかを考えて、必要な情報は収集し、教材や資料として提供することになる。つまりどのような活動をすればいいかの見取り図や構造図を描くのである。ここでは、先に述べた構造化の方法が役立つ。このように課題を分析すると、それは木構造として表示できる。

別の例で考えてみよう。先のネットワーク技術の習得では、方針にしたがって技術だけの習得ではなく、その授業での活用も重点になっている。そこで、ネットワーク技術の内容では、ネットワークを利用した授業の映像を収集する、ネットワークの基礎的な用語を理解してもらう、ネットワークの校内の配線図を作成してもらう、研修時間の配当から考えて、詳細な実習はできないので、デモで理解してもらう、などの下位の課題に分割する。そこで、ネットワークを利用した授業は、小学校と中学校の事例とし、その利用の価値や意義や課題については、討論で深める、などである。また、ネットワークの用語については、ネットワーク業者と打ち合わせができるレベルとし、配線のトポロジーが理解できる、ネットワークをどのように活用するかという方針を理解する、インターネットを十分活用するか、校内のサーバーに生徒の作品を蓄積して情報を共有することを中心にするかなどに、分けるなどである。用語については、ルーター、ハブ、サーバーの役割などで、基本的な内容に限定するが、実物の観察などで機能を理解してもらう、などである。

以上のように、ある課題を下位に分割して何が必要かを分析して、構造的に図示すると、何をすべきか、何を研修すべきかが明確になる。これが、研修プログラムを作成する時の骨格になる。研修プログラムの作成だけではなく、何かを計画する時に必要な活動である。与えられた条件に応じて、何をどこまで行うかを、明らかにする活動と言える。

例えば、わかりやすいファックスの操作マニュアルを作るという課題があったとしよう。ファックス操作でもビデオ操作でも、もちろんパソコンは当然ながら、マニュアルは読みづらくわかりにくい。携帯電話でも分厚いマニュアルがあって、とても読む気がしないのが、普通の感覚ではないだろうか。この場合も、始めに課題分析を行う。どんな機能があって、その機能を使うためには、どんな知識や操作が必要でという課題を下位に分割して、これを階層的に図示することから始めることである。わかりやすいマニュアル作りは、専門家の仕事であるが、課題を分析してどのようにこれを展開するか、そこに専門家の知識やノウハウが生かされる。

あるいは、プレゼンテーションでも同じである。何を発表するのか、その内容に関わる下位の内容は何か、必要な課題を挙げて、構造的に図示すると理解しやすい。構造ができたら、どのような順序で展開したら良いかという活動になるが、始めは課題分析である。

展開

課題分析ができたら、次は課題をどのように展開するかである。展開の方法については、基本的には、課題の前後関係を求めることになる。研修プログラムでは、例えば研修日程が5日間と決められていれば、その時間内でプログラムを作成しなければならない。その展開の順序はどうしたらいいかである。それは、課題内容の前提関係があれば、それに従うが、そうでなければ、総合的に決めることになる。前提関係とは、例えば大学の授業科目では、この科目を履修する学生は、別の科目を履修済みであることなどと、授業科目要覧に記されている場合があるが、それは別の科目の知識や理解が前提になっているからである。強い前後関係がなければ、総合的に考えれば良い。

例えば、ホームページ作成の実習を研修に取り入れた場合は、著作権や肖像権についての内容をその前に研修しておくことが必要だ。ホームページの作成では、写真などをコピーする場合も多いので、その著作権や引用や個人情報についての配慮が前提になるからである。マニュアルでも、用語がわからなくて、前後を何回も見直す場合があるとわかりにくい。これも内容の前後関係をあまり考慮していないことによる。

活動とメディア

目的に応じて、どのような活動をさせたらいいか、またどのようなメディアを用いたらいいかが、次の作業である。先の研修プログラムの作成では、実践事例は臨場感を伝えるために、映像を用いる、学校の先生へのインタビューも、生の声を伝えるために、映像を用いる。著作権や肖像権や個人情報の保護では、解説だけでは理解しにくいと同時に、興味を引き出せないので、アニメーションなどの教材を準備する。ただし、アニメーションを自作するのは、労力と予算が必要になるので、インターネットから著作権フリーの教材をダウンロードして用いる。カウンセリングでは、問題場面を提示して、討論によって議論や解決策を求める。実習で作成したホームページなどは、サーバーに保存して、全員が見られるように共有する。学校に戻ってからも、議論が継続でき、情報交流ができるように、Web上に掲示板を開設する。課題を与えて自由な時間を確保するが、その時にCD-ROMの教材を活用してもらう。最後は発表会を行うが、プレゼンテーションツールを活用する。

以上のように、どのような活動を行うか、その時に用いるメディアは何かをデザインする。活動とメディアはこのように結び付いている場合が多いので、同時に考えることが多い。このメディアの割付けや活動の仕方の選択が、研修プログラムの評価に大きな影響を与える。

実施と評価

デザインができたら、実際に研修を行い、その評価を実施することになる。評価についても多くの議論や方法があるが、ここでは詳細には触れない。学校教育では、総括的評価と形成的評価、評価と評定、相対的評価と絶対的評価、自己評価、相互評価、ポートフォリオ評価など、様々に議論されている。特に、情報教育や総合的な学習などで、ペーパーテストで評価することが難しいことが指摘されたこと、結果だけでなく学習する過程も評価することなどで、新しい評価法が注目されてきた。

先の研修プログラムでは、プログラム自身の評価を行った。この評価は、受講生の成績や研修効果を測定するというよりも、主眼がどのような研修プログラムを実施したらいいかの知見を得るために、プログラムの要因を評価した。その結果のみを述べると、Web上での受講生相互の意見交換や、受講生の作品を相互に見られることなどが、最も効果的であった。またCD-ROMを自学自習として活用することは、大きな要因であった。また相互討論により問題点を深める形式は、効果的であった。これに対して、講義形式は効果的でなかった。この評価法は、重回帰分析などの多変量解析の手法を用いているので、少し特殊な評価法である。

しかし、始めに教員の内的な壁を乗り越えるための研修方針として授業を想定し、現実の授業の様子を動画にして制作したCD-ROMや、受講生相互の意見交換などができるような掲示板のようなシステムを導入したことなどが、最も大きな発展要因になっている。このことから、この研修計画の方針が検証されたという結果であった。

第1章の状況的な学習や、第5章の相互教授や認知的徒弟制で述べたように、学習する主体がお互いに意見交流する過程を通して、その場の中で、生きた知見や方略や暗黙知が自然に分かち合えたと思われる。研修を支える掲示板は、この研修後も継続して利用されているが、学習や研修はこのように学校生活における日常的な活動をテーマにして、深め合うことであった。そこには、生きた話し言葉で意見交換がされている。掲示板には、実践することの難しさと喜びが、赤裸々に語られている。バーチャルであるが、掲示板という共通の場を共有することによって研修に参加した教員は、自己を語っている。お互いが自己を語りながら、参加者全員が協同して、解を模索している。

評価の結果は、それを検証したと言える。研修のあり方も、従来のような知識を伝達するという方式から、日常活動の課題をテーマにした受講生の語り合いという方式の導入へと、パラダイムを変換する必要があるかもしれない。しかし、現実の厳しさは、掲示板での議論や意見交換を継続することは、きわめて難しいという事実である。研修のあり方も、多くの研究や実践が求められる。

e-learningの設計

e-leaningの意義と課題については、第3章で述べたが、ここでは、教育システム設計の立場から触れておきたい。教育システム設計では、ニーズ分析から評価にいたるまでのステップにしたがって設計すると述べたが、e-learningの設計においても基本は同じである。

まず、ニーズ分析である。第3章では仮想大学について主に述べたが、成功すると思われるのは、資格試験のような形態の学習である。この資格試験が仕事上で必須の条件であれば、最大のニーズになる。簿記検定の資格がないと仕事ができなければ、好き嫌いもない。転職するか配置換えするか、どちらかである。

例えば、学生の就職が内定して、入社までに研修を課す企業が多くなった。入社してから初歩から研修させる余裕がないこともあり、事前にこのレベルの知識を要求する必要が多くなったからである。その事前研修では、例えば簿記検定資格、英語能力検定、情報処理検定などでも、要求するようになった。あるいは、事前に会社の仕事上で必要な知識を求める場合が多くなった。まだ入社していないから、長期間学生を拘束するわけにはいかない。時間の余裕のある時に、自宅でも大学でもインターネットに接続できれば、教材を提供できるので、e-learningが適している。しかもサーバーには、学習した履歴が記録されること、評価問題をアップすれば、評価も自動的に記録されるので、入社以前にすでに人事課では新入社員の評価ができることになる。忙しいと言えば忙しい世の中になった。あるいは、今日のように厳しい経済状況になれば、転職も欧米並みに増加することも考えられる。現在の職場にいながら、別の職種に変わるという希望があれば、自宅でもどこでも学習できるように、e-learningを活用しようとするニーズが生じる。

課題分析では、下位課題は何かを分析して、これを構造化して学習者に提供するが、e-learningでも同じである。資格試験などでは、評価問題も決まっていて、課題分析はすでに定型化されている場合が多いので、むしろどのように展開し、メディアをいかに活用するかに、重点がおかれる。しかし、事務処理能力、営業戦略能力などで、一般的な目標が構造化されていない場合や、企業や部署に特有なスキルが要求される場合は、課題分析から実施しなければならない。

さて、展開とメディア活用は、e-learningでは重要な設計になる。何故ならe-learningは、人が介在しない自学自習だからである。よほどの動機や強い意志や義務がなければ、欧米の仮想大学の事例が示すように、ドロップアウトしてしまうからである。テキスト教材と評価問題をそのままWebにしても、効果的でないことは、誰でも予想できるであろう。そこで、学習理論や教育方法の考え方が適用される。例えば、シミュレーションソフトのような試行錯誤によって理解する教材や、基本用語や解説書のようなデータベースを用意して、いつでもアクセスできて、学習できるようにするという設計もある。あるいは、サーバーに蓄積された学習履歴を分析して、個人の能力に応じた教材や評価問題を提供するという個別学習を指向した設計もある。

しかし、これには膨大な労力と費用が必要になる。費用対効果で考えるのは得策ではない。e-learningは、これまで述べたように、現実の要求やインターネット環境から生まれたシステムで、学習理論から生み出されたものではない。

そこで逆に、どんな教育方法や学習理論が適しているかを分析して、設計する必要が生じる。例えば、資格試験では、個別学習を追求して、個人の学習をガイドするシステムにし、その他の分野では、協同学習や状況的な学習を指向するシステムにするといった設計である。後者の立場では、教室での講師の現実場面における映像を、ストリーミングの方法で提供して、現実感を増す。あるいは、受講生同士やインストラクターを結ぶ、チャットや電子メールなどで、現実的な状況を提供する。あるいは、意見交流の場として、電子掲示板を用意して議論をさせる。あるいは、その分野の専門家も参加させる。現実的な状況を重視する立場からは、例えば表計算ソフトの操作では、実際の伝票や書類を教材として利用する。そしてプレゼンテーションツールでは、Web上にアップさせて受講生相互で評価させる、といったメディア活用の設計ができる。

最後は評価であるが、資格試験であれば、評価問題は決まっているので、その成績によって測定できる。総合的な能力などでは、これまで述べてきたように、総合的に評価しなければならないから、Web上だけでは難しく、対面によるインタビューや作品や討論などの方法が必要になる。企業の入社試験で、面接や集団討論やレポートなどの方法を筆記試験の他に活用する方式と、類似している。

以上のように、e-learningの設計の概要について述べたが、ここで対面とe-learningによる学習の違いだけ述べる。対面では、講師が目の前にいることの臨場感が最も大きい。そして、インタラクティブな対話ができる。しかし、時間と空間の制約があって、参加が難しい。コスト的には、講師への人件費、教室における受講生の人数の制約があって、費用対効果は、一般的には高くない。

Webをベースにしたe-learningでは、対面授業の逆の特性を持っており、時間と空間の制約がなく、いつでもどこでも学習できる。しかし、講師とのインタラクティブな対話はできない。臨場感がなく、孤独な学習となり、学習の継続や動機付けが、最も大きな問題になる。コスト的には、受講生の人数が多ければ多いほど費用対効果は高くなる。また、すべての教材をWebにアップすること、質問にもすべて書き言葉で応答することなどから、講師や教材開発にかかる労力は大きい。この問題点を解消する方法として、同期型のTV会議システムや、臨場感を支援するシステム、協同学習の支援などが試行されている。

授業の設計

1時間の授業展開や1単元の授業展開の設計については、日本では指導案の書き方などで実践されている。また教科教育の授業科目なども、この内容については解説されているので、教育工学としての位置は大きいが、内容は省略しよう。

一般的な方法としては、ガニエ(Gagne,R.M.)の教授事象がよく知られているので概要を紹介しよう。授業展開の基本ステップとして、①学習者の注意を喚起する　②授業の目標を知らせる　③前提条件を思い出させる　④新しい内容を提示する　⑤学習の指針を与える　⑥練習の機会を作る　⑦フィードバックを与える　⑧学習の成果を評価する　⑨保持と転移を高める、の9ステップからなっている。

ガニエは、このステップについて、認知と行動の両方の考え方から説明している。ここでは特に、①学習者の注意を喚起する　②授業の目標を知らせる、だけ述べる。

心理学実験などでもよく指摘されるが、人ごみの中でも自分の知っている人を直ちに認識でき、自分の名前が呼ばれるとすぐに反応するのは、それは注意とか期待などの働きであるという。脳が、そのように活性化するからだという。人は何か目的や期待があると、目的指向的に脳が活性化する。課題をベースにした学習においても同じで、課題を解決したいという目標が、その課題に関連する情報や知識を引き寄せる。まるでアンテナでキャッチするかのように、情報を引き寄せる。あるテーマで追求していた人が、常に頭にそのテーマがあって、オーバーに言えば、見るもの、聞くもの、触れるものすべてをそのテーマに関連付けて思考していて、ある時にはっと気付いて、研究が進んだというような経験を聞くことがある。また認知心理学では、人が情報を受け取って、意味ある情報と思わなければ、情報を作業記憶から捨ててしまい、意味があると認識すれば、情報を処理するという機能があると述べている。このように、注意を喚起すること、目標を知らせることは、認知的な知見が生かされている。

質問の構成

質問の構成についても、少し触れておきたい。教育工学でも生徒への質問の仕方や、生徒からの質問への応答の仕方なども、よく研究されてきた。教員志望の学生の模擬授業を行い、ビデオに録画して討論して、授業スキルを改善する方法が研究されてきた。模擬授業は、1人の学生が先生役を、他の学生が生徒役を演じて行う小人数の模擬授業なので、マイクロティーチングと呼ばれている。この研究で、様々な授業スキルが明らかにされたが、中でも質問の仕方は、よく調べられた。質問は、授業を活性化するキーとなる活動だからである。「はい、いいえ」で答えられるような閉じた質問から、「君はどう思うか」といった開いた質問や、「何故そう思うのか」という理由や根拠を問う質問など、質問の分類とその機能、またベテラン教師と新人教師の違いなど、様々な観点から分析されてきた。

本項では、その中でコリンズ(Collins,A.M.)とスチーブンス(Stevens,A.L.)の質問の認知研究を、取り上げる。彼らは、多くの教科の質問を分析して、その教師の質問の方略を明らかにしている。例えば、米の学習における教師の質問では、以下の通りである。

教科の専門である教師の頭には、内容についての知識が構造化されている。例えば、米ができるには、肥沃な土地と多量の雨と、暖かい気温が必要だという知識がある。この知識構造に基づいて、生徒に質問をしている。

例えば、北米で米ができるのはどこか?と質問し、生徒がルイジアナだと答えたとする。次に何故か?と質問すると、生徒が水が豊富だからと答える。すると、ワシントン州やオレゴン州ではどうか?と質問する。この時、これらの州では、雨が降り水量が豊富なので、それだけに生徒が注目しているかどうかを米の知識構造に基づいて、質問しているのである。生徒が、米はできないと答えれば、何故か?と聞き返して、水量は豊富にあっても、温暖な気候や広い耕地がないことに気付いているかどうかを確かめているのである。コリンズらは、これを反事例の選択方略と名付けている。

さらに、この教師と生徒の対話は続く。もし生徒がオレゴン州は、耕地面積が少ないから米はできないと答えれば、では日本はどうか?と質問する。

これも、反事例の選択方略で、日本もオレゴン州と同じように山が多いが、米ができるという反事例を取り上げて、質問するのである。あるいは、エジプトでは米ができるかどうか質問して、雨量が少ないという答えを引き出し、にも関わらず何故米ができるのか？と質問することによって、ナイル川のような水量の供給源があれば良いことに、気付かせる。つまり、水量の供給には、雨または川などがあるという知識構造を学習させている。

また、教師が、ルイジアナ州では米ができるが、もしルイジアナ州で雨が降らなかったら、どうなるか？と質問することがある。これは、仮説の導入方略と名付けて、もしこうならどうなるかと質問して、米作に必要な水量と耕地と気温がすべて満たされているという関係を理解しているかどうかを確認している。

コリンズらは、数学、植物、地理、美術、法律、医学、道徳などにおける教師の質問を分析し、10の質問方略を抽出している。それはつまるところ、質問は、知識の関係構造を理解させる意図で行われるという主張が、コリンズらの研究であった。例えば、法律では、いろいろな判例や事例から、どのような判決がなされるかという知識間の関係を理解させることである。医学では、様々な兆候や病気の事例から、病気を診断するという関係である。

この場合、事例に相当する知識を独立変数、判例や病気の診断を従属変数と呼べば、独立変数から従属変数を決める関係を明らかにするために、質問するという考えである。例えば地理の気候の学習では、気候に影響を与える要因はいくつかあるが、緯度や経度、高度などの変数を取り出して、質疑応答によって、その関係を理解させる。それは、数学における関数形を決めることと同じである。つまり知識構造が、そのベースになっている。その理解のさせ方や質問の仕方に、様々な方略が反映される。

練習問題 2

「あなたが携帯電話を所有しているならば、その携帯電話を題材にして、もし持っていなければ、固定電話を題材にして、その使い方を課題分析しなさい。その機能の中の1つを取り上げて、わかりやすいマニュアルを作りなさい」

練習問題 3

「授業を参観して、教師の質問を記録し、それらがどのような意図で行われたか、分析しなさい。もし可能ならば、後で授業者の教師に直接インタビューしなさい」

………解答は次のページ

解答2

携帯電話を持っている人は、その携帯電話のメニューを見て、すべてリストアップしてみてほしい。例えば、電話の発着信、留守番電話の設定、着信メロディの設定、キャッチホンの設定など様々な機能がある。それらの機能をすべてリストアップし、それをグループ化する。グループ化するということは、すなわち目次(メニュー)を作ることと同じである。その目次の作り方によって、その人がどのような考え方であるかがわかり、その人の携帯電話についての知識の程度を示す認知地図になる。

その後、その目次をもとに、マニュアルを作る。マニュアルによる解説の方法にも様々な考え方があるが、操作の手順を示す場合と、意味の説明をする場合に分けられる。手順を示す時には、流れ図などが有効であり、意味や概念がわからない場合には、写真や図などが有効である。具体的な事例を挙げることなども良い。事例から説明する方法と、意味から説明して次に手順を示す場合がある。以上のようなことを考えてマニュアルを作ると良い。

解答3

この課題は労力が多く、また時間も大変かかるので、ここではその方法を簡単に述べる。実際は、教師の発話を記録した発話記録(プロトコル)が残っている資料があれば、それを分析すると良い。無ければ、実際に授業を参観してテープなどに録音し、それを文字化して分析するという方法があり、これらは授業分析と呼ばれている。問題はそれがどのような意図で発話されたかということにあり、それが大変重要である。教師は、頭の中でこういうつもりで、こういう発言をしたという方略(意図)がある。その多くは過去の経験に基づいた知識で、いわゆる暗黙知とか方略的知識などと呼ばれている。シャベルソンは、そのような知識が教師の専門性を示すと言って重要視している。この課題の意図は、そこにある。もし、読者の皆さんが、この課題に興味を持つならば、実際に実践して教師の持っている方略的知識を「このような場合には、このように行動する」という形式で、表してみてほしい。それは、授業研究としても面白いと思われる。

応用問題2

「ある単元を想定して、あなたが家庭教師だとして、子供の反応に応じて、どう回答するかを図示しなさい。その上で、考察しなさい」

7章
現代の教育課題

これまでの章は、メディア活用や学習指導のようにいかに内容を理解させ、どのように方略を習得させるかといった学習内容が対象であった。しかし、現代社会は複雑で学習内容以外の多岐にわたる問題が出てきた。教育工学は、この問題に対して無力なのだろうか。何も寄与することはできないのであろうか。当然ながら、臨床心理学やカウンセリングなど、専門的に研究している分野がある。教育工学は、その語感からすれば、最も遠い分野と思われる。しかし、教育工学の方法論で関わることも可能であろう。ここでは、そのような試みを述べる。

1. メディアコミュニケーション

電子カウンセリング

現代社会では、不登校児童・生徒の増加、いじめや少年犯罪の増加、学級崩壊や校内暴力の増大、インターネットによる有害情報の氾濫、若者の無気力化など、暗い話題が多くなってきた。もちろん、いつの時代にも問題はある。しかし、現代社会は本当に病んでいるのではないだろうかと思うほど、教育の心寒々しい問題が人々の話題になった。

何故こんなに不登校やいじめの子供が多くなったのだろうか。もちろん、専門の研究分野の成果を知らなければ、答えられない。しかし、根本的な原因はわからなくても、根本的な治癒はできなくても、何か支援できる方法があるのではないか。世の中の問題解決は、このように試行錯誤で行われることがある。すべて原因がわかってから実行するのでは、間に合わないことが多いからである。ここで紹介する筆者の研究事例も、そのような内容である。

ある教育センターで、不登校児童・生徒に関する共同研究を実施した。始めに行ったのは、実践家へのインタビューであった。その時に、「不登校の児童・生徒は、プライドを持っている」と、教育センターの所長さんが話した。このような会話の中にも、鋭いヒントが隠されている。この教育センターでは、いろいろな不登校の生徒が教育相談に来るが、概してそのような生徒はプライドが高いように見受けられるというのである。プライドが高いから、自分で垣根を作る、垣根を越えられそうもないと感じると学校に行かなくなる、学校に行かないから学力が低下して、授業についていけなくなる、授業についていけないから、ますます外と自分の間の垣根が大きくなり、自宅に閉じこもるという循環が不登校の連鎖なのだという観察であった。

これは、実践家の持っている鋭い観察と洞察力である。プライドがないのではなくて、プライドが高いのだ。高いゴールを持っていて、そのゴールに届かないと認識した時、ゴールに向かって走ることを止めてしまう現象だと分析した。しかし、それが真実かどうかは断言できない。学校をとりまく環境は、あまりにも複雑であるから、多くの要因が重なっており、個々のケースによって、その原因は異なっている。

実践事例の観察では、不登校の原因は多様であった。始めにその事例を収集し、分析した。ある生徒は、母親が干渉しすぎることが原因だと、カウンセラーは感じた。ある生徒は、父親が仕事で忙しく、家庭でのコミュニケーションの欠如が原因ではないかと推測した。ある生徒の場合は、学力の低下が原因ではないかと推測した。ある生徒は、インターネットに夢中になりすぎて、部屋の中から出てこなかったことが原因ではないかと推測した。様々な原因がある。しかし、どんな原因であってもいいが、教育工学は第1章で述べたように、真理の探求が目的ではない。様々な原因があったとしても、どうしたら良いかを探求し実践することが目的である。家庭のコミュニケーション不足が原因になるケースが多いことも事実であろう。だからといって、父親に仕事を減らして定時に帰宅するように、言うことはできない。そこまで、学校に権利はない。忙しい仕事は、現代人ならば避けて通れない現象である。一般的な法則を追求することではなく、個々のケースに応じて、どうしたらいいかを実践的に試行することが、この研究方法であった。

筆者が、この教育センターに関わったのは、電子メールを用いた方法で、コミュニケーションを図るという試みであった。電子メールという、カウンセリングとは最も遠いメディアが果たして有効なのかどうか、初めは不安であったが、これは大成功した。不登校の子供達が電子メールというメディアを使って、カウンセラーと親と、そして教員とコミュニケーションし始めた。そして、6名の児童生徒の全員が、登校できたり高等学校に進学できたりと、表情が明るくなった。この研究プロジェクトに参加した小中学校の先生方全員が、奇跡的だと感想を述べた。

その様子を10点の尺度で専門家に判定してもらった。電子メールを導入する前の子供の様子と、半年後の子供の様子を判定して比較した。完全に家の中に閉じこもった状態を1とし、完全に学校に通える状態を10として、その間をいくつかのレベルに分けた。例えば、学校には通えるが授業には出られなくて保健室のみに滞在している状態や、教育センターだけに通える状態などである。その結果を比較して、分析した。

その分析は、電子メールの内容をカテゴリーに分類して比較する方法であり、授業分析などでよく用いられた方法である。その結果、児童生徒は、前半の不登校状態では「今日はセンターに行きます」というような事実のみのカテゴリーが多かったが、状態が向上した後半では、「カレーライスの料理をして楽しかった」とか、「またやりたい」といった感情の表現や自分の意思の表現のカテゴリーが多くなった。また、カウンセラーの内容も前半では「がんばろう」とか、「期待している」といった期待感を表すカテゴリーが多かったが、後半では「それは良かった」という受け入れのカテゴリーが多かった。

もちろん、電子メールのみの効果とは断定できない。先に述べたように、不登校には多様な原因があると同じように、多様な対処の方法がある。そして、因果関係を明らかにすることは難しい。しかし、電子メールも効果的なメディアであることは明らかであった。その後、2年間10名以上の児童生徒について継続研究を行い、同様の結果を得ている。現在では20名以上の不登校児童・生徒が、電子カウンセリングを受けている。

先に述べたように、原因と結果をつなぐ法則を求めることが、教育工学の目的ではない。しかし、この教育センターの所長さんが、センターにカウンセリングにやってくる子供達に聞いた時、興味深い返事をしたという。

最も苦手なことは、対面で話すこと、次が鉛筆などで絵や文字で対話すること、最も易しいことは、キーボードから文字を入力することだと話したのである。それで、この電子メールの効果の1つが理解できた。対面よりも、子供にとって垣根が低いに違いない。先に述べた、垣根を自ら高くしている不登校の児童生徒にとっては、楽にコミュニケーションできる手段だったのではないか。メディアとは文字通り仲介するという意味であるが、電子メールは子供と大人やクラスメートを仲介してくれた。

筆者は、これを電子カウンセリングと名付けて継続研究している。電子メール、チャット、グループカウンセリングを模擬したメーリングリスト、テレビ会議システムの導入など、その効果を実践的に研究している。

CMCの研究

上記のような電子メディアの介在によるコミュニケーションの形態は、CMC(Computer Mediated Communication)と呼ばれる。このCMCについての研究が、現在盛んに行われている。メディアを介在することによる、コミュニケーションの変化の特性を明らかにする研究である。未知なことが多いが、例えば、筆者の事例を紹介しよう。

通信衛星を用いて、集中講義の講義内容を全国に配信した。会場以外にいる受講者はテレビモニターを通して受講するのであるから、単純にはテレビを視聴していることと変わらない。したがって長時間受講するには、「飽きない」工夫が必要になる。飽きさせないということは単純であるが、きわめて難しい。特に集中講義のように一日中画面を見続けることは、誰であっても苦痛になる。

そこで、議論し考えさせる講義スタイルにした。インターネットでも画像配信していたが、コンピュータ画面の小さな画像を見ながら、合計9時間の授業を受講した社会人から、いくつかの質問があった。飽きさせない方法は、どれだけ考えられるか、いかに議論に参加できるかという、授業そのものの在り方に関わっている。

しかし、議論するといっても、なかなか質問することは難しい。質問ができる人は、それだけで相当な理解レベルと言える。どう質問を引き出したらいいのであろうか。衛星で全国に配信されていると思うと、それだけで質問の手を挙げにくい。まして遠隔地で受講している人にとって、いくらファックスで質問できますと画面に出しても、わざわざファックスで質問することは、まれである。質問するタイミングがずれてしまう。そこで、携帯電話を導入した。携帯電話の電話番号を提示して、質問があったらここに電話してくださいと画面表示した。わからなくなったら、すぐに電話できるのであるから、有効な使い方であろうと予想した。結果はどうであったか。

あまり効果はなかった。質問するのに勇気を必要とすることは、会場であっても遠隔地であっても同じである。質問によって、講義を中断しなければならない。だから単純そうに見えて、実は単純でない。しかしもっと効果的な使い方があった。

電子メールで質問内容を送るという方法である。携帯で文字を入力するのは筆者にとっては至難の業であるが、よく使っている人にとっては、しごく単純な作業であることがわかった。最初に送られた質問は何であったか、これを正解できる人はまずいないと思われるが「ライトがまぶしいので、落としてほしい」であった。衛星配信している関係で、強力なライトを用いてカメラで撮影しているので、そのライトが会場の受講生にとって、まぶしかったのである。さらに、「冷房が効きすぎているので、温度を調節してほしい」という電子メールが届いた。これも意外であったと同時に、その通りと納得した。会場で、講師の前でなかなか冷房を調節してほしいとは言いにくい。しかしメールであれば、気楽にモノが言える。電子メールにこのような使い方があったかと、初めて知った。

質問がないと講師は嘆くが、日本人には勇気が要る。なかなか質問することは難しい。その垣根を低くしてくれたのが、携帯電話からの電子メールであった。携帯電話は現代の若者の道具であるが、道具というよりも身体化された体の一部のような感覚になっている。文字を入力することぐらい彼らにとって何でもない。だから口では言いにくいことも、すぐに電子メールで送ることができたのである。

もちろん、内容に関する質問も各地から送られてきた。それにきちんと応えたが、その多くが電子メールであったことは、新しい発見であった。授業はコミュニケーションによって成立する。いくら素晴らしい講義内容であっても、コミュニケーションできなければ授業として成立しにくい。どのようにコミュニケーションを図るかは、特に遠隔教育においては大きなテーマとなる。電子メールは、垣根の低いコミュニケーション手段になり得ると言える。このように、メディアはある場面では、コミュニケーションを促進する機能を持っている。それは、先の不登校カウンセリングと同じ効果である。

逆に、このことは使い方によっては、影の影響をもたらす。それが、情報洪水や有害情報への対応の問題である。

情報洪水への対応

今日の社会では、文字通り洪水のように、情報が降りかかってくる。テレビを見ると、何を考えているのわからないような番組を多量に流している。受け止める側が大人であれば、適当に取捨選択しているが、子供はどうであろうか。ほとんど意味のない、抹消神経だけを満足させるような情報が、シャワーのように注いでくるのである。テレビだけではなく、週刊誌、漫画本など、日本は出版物の過当競争社会と思われる。さらに、インターネットが情報洪水に拍車をかけた。誰でも情報の発信基地になれる。ホームページを持てば、誰でもそこにアクセスできるので、個人の放送局のような情報環境になっている。電子メールも同じである。特に、迷惑メールが氾濫してきた。1ドルで100ドル儲かるという話、セールスの話、出会いサイトの勧誘のメールなど、驚くほどのメールが勝手に送られてくる。こんな身勝手なメールを送るとは、世の中はどうなっているのだと怒ってみても、これが現実社会である。

また、有害情報のサイトも多い。その情報が強烈であればあるほど、ある意味で人々の興味を引き付ける。確かに、世の中の悪意を凝縮したような情報が、インターネットを汚し始めた。世の中の影の部分が、この迷惑メールや有害サイトに出現してきた。情報の光と影は、確実に実感されてきた。

カナダの小学校で、ある暴力シーンを子供に見せて、その殺人シーンをどう思うかと聞いたら、スカッとすると答えたという。子供の感覚では、その通りかもしれない。それでは、この殺された人が、君のお父さんだったらどんな気持ちがするのかと聞いたら「それはとても悲しいことで信じられない」と答えたという。カナダでは、このような教育をして、あふれる情報を自ら主体的に判断できる能力を育成しようとしている。確かに、そのまま放置していれば、何の疑問も持たず言われた通りに受け取ってしまう子供に育ってしまう。子供達は、良いことも悪いことも、物まねをしながら学習する。コンピュータの操作も、見よう見まねで覚えてしまう。有害情報もそのまま放置すれば、見よう見まねで、その通り覚えてしまう。これは、モデリングと呼ばれている。だから子供達には、情報の正しい活用の教育が必要になってきた。きちんと教育をしなければ、世の中に流されてしまい、取り返しのつかない事態になってしまう危惧がある。カナダの教育のように、正しい判断ができるよう教育しなければならない。情報教育は、その意味できわめて重要な教育になった。

それでは、どうすれば情報を自分なりに判断できる能力が育つのであろうか。これは難しい。倫理観やモラルの教育は、知識・理解の教育と異なって、覚えればそれで達成されたことにならないからである。例えば、カナダの学校では、CMやテレビ番組を見せて、それを冷静に分析させるという。何故、このようなストーリー展開をしたのか、背景のシーンは、何を意味しているのか、登場人物の役割をどう考えたらいいのか、作成者の意図は何か、どのようにそれを表現しているのかなど、実に怜悧な分析をさせる。このことは、的確な判断力とは、情緒でもなく常識だけでもなく、論理的な思考に裏付けされていることを物語っている。人が判断力を持つとは、その背景を分析して総合的に認識しているからであり、魅惑的な映像や誘惑の言葉にだまされるのは、表面の情報だけを見ているからではないだろうか。この教育については、第4章の論理的な思考で述べた。

以上のように、テレビやインターネットなどのすべてのメディアを正しく受け取り、主体的に判断し、自らも情報を発信できる能力を、メディアリテラシーと呼んでいるが、情報活用能力に包含されている能力ともいえる。この教育のために、Web上の教材、ビデオ教材などの教材開発や、基礎的な調査研究などが、行われるようになった。

2. 進歩主義と実存主義

我が国の教育課程では「生きる力」を、自ら課題を見つけ、自分で問題解決できる力と、自分を律することのできる豊かな人間性と述べている。こう述べなければならないほど、現代は生きるのが困難な時代になったのであろうか。今日の心寒々しいニュースを見れば、現代の子供は、確かに生きる道を失っているようにも見える。これに答えられるような教育理論や教育理念はあるのだろうか。

教育理念では、進歩主義と実存主義が、その考え方を提供しているかもしれない。教育理念を、ホッチキス(Hotchkiss,J.)は、恒久主義、進歩主義、本質主義、実存主義の4つに分類して、述べている。それらを解説するつもりはないが、本書に関連する内容だけ触れる。

教育課程でいう「自ら課題を見つける問題解決能力」とは、進歩主義の考え方が反映されている。進歩主義は、この世界を変化してやまない存在としてとらえる。恒久主義のように、真理は普遍で、人類の文化遺産である真理を学ぶことによって、合理性や論理性が獲得できるという考え方ではなくて、常に変化する世界をいかに生きていくかと考える。変化するとは、そこに問題が生じるからで、真理を学ぶよりも、その問題に取り組んで、いかに解決するかという解決の仕方を学ぶという考え方がベースになっている。「学び方を学ぶ」と言われるゆえんである。したがって、児童生徒は、その学ぶ存在、常に問題に取り組む問題解決者としてとらえる。変化してやまないとは、この世界のことで、現実に生きている世の中も、自然界も、人の考え方も、絶えず変化しているので、その問題解決を学ぶには、学校も社会の反映と考えなければならない。学校を小さな社会と考えて、社会におけるルールや、役割、話し合いによって、つまりグループ学習のような方法で、問題解決に取り組んでいく。教師は、アドバイザーやオーガナイザーのような存在になる。このような考え方は、現在の教育課程の理念にきわめて近い。

しかし一方「分数のできない大学生」に象徴されるような学力低下論や、学級崩壊と呼ばれるような現象は、教科の基礎基本をベースとした伝統的な教育理念が欠如したからだという声を誘発する。教科とは学問をベースにしている。学問を構成している基本的な概念を、構造化し、教える順序を決定し、つまりスコープとシークエンスを体系化した内容が教科であるから、教科を中心にした教育課程は系統主義と呼ばれる。系統主義は、恒久主義や本質主義の考え方に近い。

理念の優劣を論じることが、この項の目的ではなく、どちらも立場や教育哲学の違いである。しかし、このような問題が噴出している現実を認めなければならない。教育工学は、現実を見つめる。系統主義が受け入れられたのは、工業社会の時代であった。この時代は、第2章の教育のシステム化で述べたように、科学技術のベースになっているシステム思考が、受け入れられた。教育にこの思考法が適用され、教科内容と順序を系統的に配列することによって、ちょうど科学者や技術者が知識や技術を積み上げると同じように、系統的に積み上げることができると考えられた。ホッチキスによれば、本質主義は、かつての教養教育のような文化遺産である学問に触れさせるというよりも、教科における本質的な内容を柱にして、専門家である教師がプロとして伝達するというカリキュラムの枠組みである。一方「落ちこぼれ」と呼ばれるような、きれいに体系化された教科内容についていけない生徒達が、目立つようになった。そこで、教科内容の系統性から、自己学習力と呼ばれるような学ぶ主体にシフトしてきた。

さらに今日の様相は、閉塞感を感じながら希望を見失った若者の増大のような、何か先の見えない虚脱感を子供達は感じ始めている。実存主義は、そこに注目して、自分にとって意味ある学習対象を重視する。自己と関わらない内容は、いかにそれが価値があると権威付けられても、意味をもたないと主張する。自己にとっての意味ある学習は、いかに形成できるのだろうか。教育工学においても、インターネットやネットワーク環境が、このような自己の存在感への気づきに役立つのではないかという研究が、見受けられるようになった。教育課程でいう「自分を律することのできる豊かな人間性」まで達するのは難しいが、自己調整力のような自己を制御できる力は、上記のような自己の存在感が希薄では、とても育たない。

例えば、電子メールで海外の生徒との交流を通して、電子メールの差出人が、実在の海外の生徒であり、受取人に自分の名前を見て、これまでほとんど英語の辞書を引いたことのなかった生徒が、懸命に訳して返事を書いたという。何故、君は急に辞書を引く気になったのかという教員の質問に、この受取人に自分の名前が書いてある、これは教科書とは違う、だからどうしても訳すと、答えたという。生徒は、自分の考えを述べ、自分の家族について紹介し、自分の学校の様子について、長文の英作文を書いて、教員に添削をお願いしたという。そこに、自己の語り(ナラティブ)があった。

誰でも、自己について語ることができる。誰でも他人に語って聞かせる内容を持っている。自分にとって意味あることは、表現することができる。他からの借り物でなく、また権威付けられた内容でなく、自分を他に語る時、他はそれに共鳴することもある。その人の経験に裏付けられた語りは、相手に伝わりやすいからであろう。

例えば、大学生や高校生が、小学校や中学校に出かけて、ネットワークの管理運営の協力をする実践がある。その学生や生徒が経験に裏付けられて語る内容は、きわめて示唆に富み、まるで大人や専門家のような判断力をもち、自己をコントロールできていると感嘆するという。また、課題研究を1年間行った高校生が、後輩達に自分の経験を語って聞かせる授業がある。それは、まるでその高校生の生き方そのものを語っているようであった。何故、このテーマを選んだか、そしてテーマを追求する時に、自分は何を感じ、何に意味を見出したか、何が大切かを語ったが、それは、後輩達全員を引き付け、伝わった。そこで、このような経験に裏付けられた自己の語り(ナラティブ)を、インターネットを通してお互いに交流する効果についての研究も見られるようになった。

以上のように、この分野は、学習環境とコミュニケーション、自己調整力などの関わりについての研究で、まだ研究途上にあり、これから期待されよう。

練習問題 1

「教育上の問題を取り上げ、グループで話し合い、問題の背景、問題の構造、解決の方法について、レポートしなさい。なお必要な情報は、文献やインターネットなどから収集し、引用や参考文献などを明記すること」

………解答は次のページ

解答1

これは大変大きなテーマで一口にまとめることはできないが、現在注目されている発達障害を例に挙げて説明しよう。現在、全国の小中学校で、平均6.3%が発達障害児であると言われている。40人クラスであれば、2～3人が該当することとなる。発達障害は、知的障害ではなく、知的なレベルは健常児と変わらないか、むしろ高い知能を持つ児童もいる。ADHDやアスペルガー症候群など、様々な症状を持つ子供達がいて、情緒が不安定であったり、集団活動ができなかったり、コミュニケーションが不得意であったりするので、担任教師はその対応に苦労している。
多くの小学校で担任が1人だとすると、そのような子供達に気を取られてその他多くの子供達に目が届かないということが現状であり、このような問題は1人ではなかなか解決できない。インターネットで調べたり、知恵を出し合ったり、他の力を借りることが先決である。1人で40人の児童のすべてを指導するのは至難の業であるので、2人の教師によるチームティーチングで指導をしながら、授業を遂行していれば良いが、これも人件費がかかるので、簡単には実行できない。
別の対処法の1つとして、発達障害児は集中力が高いので、一番前に座らせて、課題を与えて指導するという方法もある。コンピュータに対して興味を持つ児童がいる場合には、自学自習できるドリルソフトなどが有効だという報告もある。忘れてはならないのは、他の子供達の理解にも気を配ることである。発達障害児がいじめの対象にならないような配慮が必要である。そして可能ならば、専門家に相談するという方法も良い。もし、特別支援学級や特別支援学校があれば、専門家にアドバイスを受けたり、直接指導を受けたりすることなども考えられる。いずれにしても現在、学校には多くの課題がある。保護者からのクレーム、学校適応の問題（中一プロブレム・小一プロブレム）、いじめ、不登校など、きわめて大きな問題があり、1人の教師だけで対応することはなかなか難しい。どう解決したらいいか、グループで話し合って解決策を練るということは、教育活動において極めて重要である。

応用問題1

「あなたが、ある市の教育長だとして、その市の教育課題を取り上げて、どのように取り組んでいくか、その3カ年計画を立てなさい」

参考文献

1章　教育工学の背景と特徴

1　日本教育工学会（編）(2000)、「教育工学事典」、実教出版、
教育工学の分野を10に分類して、概説しているので、初心者には参考になろう。

2　ジーン・レイヴ、エティエンヌ・ウェンガー (1993)、
「状況に埋め込まれた－学習正統的周辺参加－」、佐伯　胖（訳）、産業図書
状況的な学習を解説してあり、よく引用されるので、目を通しておきたい。

3　坂元　昴 (1985)、「教育工学の原理と方法」、明治図書
教育工学のバイブル的な解説書であり、初期の教育工学が一望できる。

4　坂元　昴 (1991)、「教育工学」、放送大学教育振興会
放送大学の教育工学のテキストであり、すべての分野を網羅している。

2章　コンピュータによる学習支援

5　渡邊茂・坂元昴 (1989)、「CAI ハンドブック」、フジテクノシステム
CAI システムについて、ドリルから知的システムまですべて網羅的に解説している。

6　佐伯　胖 (1986)、「コンピュータと教育（岩波新書）」、岩波書店
コンピュータと教育を本格的に論じている。この分野の必読書であろう。

7　平澤洋一（編著）(2001)、「電脳意味論」、おうふう、東京
筆者が、第5章でマルチメディア教育システムについて、解説している。

8　赤堀侃司、(1993)「学校教育とコンピュータ（NHK ブックス）」、日本放送出版協会
学校におけるコンピュータ活用の実際について、解説している。

3章　コンピュータによる教育支援

9　芝　祐順 (1991)、「項目反応理論」，東京大学出版
テスト理論の中の項目反応理論についての解説書であるが、初心者には少し難しい。

10　清水康敬（編）(1992)、「情報通信時代の教育」、電子情報通信学会
ネットワークや衛星通信などのメディアの教育利用について、解説している。

11 佐藤隆博（編著）(1989)、「教育情報工学入門」、コロナ社
S-P 表分析や ISM の分析手法などの解説と、教育への適用事例を述べている。

12　水越敏行（監修）赤堀侃司（編著）(1995)、「教育メディア利用の改善」、国立教育会館、
教育方法改善シリーズの第4巻で、教育におけるメディア活用の全般を述べている。

4章　情報教育の内容と方法

13　情報処理振興事業協会 (IPA)（編集）(2000)、「学びのデジタル革命」、学習研究社
100校プロジェクトやｅ－スクエアの総括的な報告書であり、歴史的な流れもわかる。

14　カリキュラム学会（編）(2001)、「現代カリキュラム事典」、ぎょうせい
情報教育も含めて、すべてのカリキュラムに関わる事典であり、参考になる。

本参考文献では、入手しやすい日本語の参考図書や文献を中心に掲載することにした。
論文誌も参照しているが、ここでは割愛した。

15 菅井勝雄・赤堀侃司・野嶋栄一郎（2002)、「情報教育論」、放送大学教育振興会

放送大学大学院文化科学研究科の「情報教育論」のテキストである。

16 文部省（1992)、「情報教育に関する手引き」、文部省

当時の文部省の刊行によるもので、永く情報教育を実践する上での指針となっていた。

5章 教育方法の改善

17 E･D･ガニエ（著)、赤堀侃司･岸学（監訳）(1989)､「学習指導と認知心理学」，パーソナルメディア

古い翻訳本であるが、今日でもその新鮮さを失わない。一度は目を通しておきたい。

18 水越敏行（監修）(1995)、「教育方法改善シリーズ第１巻〜第６巻」、国立教育会館

当時の国立教育会館が刊行した教育方法のシリーズで、読みやすく理解しやすい。

19 赤堀侃司（編著）(1997)、「大学授業の技法（有斐閣選書)」、有斐閣

大学授業改善に関する多くの事例を集約した内容で、実践的な内容である。

20 Adrian.F.Ashman and Robert N. F. Conway (1997),"An Introduction to Cognitive Education", Routledge, London and New York

英文であるが、本文の方略の学習でかなり参考にしているので、掲載した。

6章 教育システムのデザイン

21 G.M. ピスクリッチ（編)、田代空とＩＴ研究会（訳）(1996)、「マルチメディア活用の教育研修技術ハンドブック」、日本能率協会マネージメントセンター

情報技術を用いた教育システムの実際について、詳細に解説している。

22 R.M.Gagne, L.J.Briggs, W.W.Wager(1992),"Principles of Instructional Design", Harcourt Brace Jovanovich College publishers, New York, London

教育システム設計に関する日本語の本が少ないので、この有名な本を挙げた。

23 Jenny Preece (1994), "Human-Computer Interaction", Addison-Wesley Publishing Co.

これも英語の好書であるが、インターフェースの設計で参照しているので、挙げた。

24 C.M.Reigeluth(1983),"Instructional-Design Theories and Models", Lawrence Erlbaum Associates, Publishers, London

これも英語の本で恐縮であるが､本文のズームレンズモデルで参照しているので､挙げた。

7章 現代の教育課題

25 K.R.Ryan, J.M.Cooper (1995), "Those Who Can Teach, Seventh Edition", Houghton Mifflin Company, Boston

英語で恐縮だが、進歩主義と実存主義で参照しているので、挙げた。好書である。

26 コンピュータ教育開発センター（2001)、「情報化が子供に与える影響に関する調査報告書」、(財）コンピュータ教育開発センター（CEC)

情報化の進展による子供への影響を、本格的に調査研究した内容が報告されている。

索引

アルファベット

あ

か

さ

た

な

著者プロフィール

赤堀侃司（あかほりかんじ）

一般社団法人ICT CONNECT 21会長
東京工業大学名誉教授
ホームページ: akahorikanji.com

教育工学への招待　改訂新版
教育の問題解決の方法論
2021年5月20日　2版第1刷発行

著者　赤堀侃司
編集協力　田山奈津子
発行人　池田利夫
発行所　株式会社ジャムハウス
〒170-0004　東京都豊島区北大塚2-3-12
ライオンズマンション大塚角萬302号室
カバー・本文デザイン　船田久美子
印刷・製本　シナノ書籍印刷株式会社
ISBN978-4-906768-90-5
定価はカバーに明記してあります。